C.H.BEC

Knapp und anschaulich stellt dieser nun in fünfter, aktualisierter und ergänzter Auflage vorliegende Band die Geschichte des Ersten Weltkriegs dar. Volker Berghahn erläutert darin nicht nur die Militär- und Politikgeschichte des Krieges, sondern auch die Sozial- und Alltagsgeschichte an Front und Heimatfront. Ein Vorwort zur Neuauflage behandelt zunächst die neuesten Forschungen. Nach einer Erläuterung der Ursprünge des Krieges und der Julikrise von 1914 folgt dann eine Analyse des Krieges aus der Perspektive der politischen, militärischen und wirtschaftlichen Eliten, bevor in einem weiteren Kapitel von «unten» die Erfahrungen von Millionen von Soldaten an allen Fronten sowie der in der Heimat zurückgebliebenen Frauen und Kinder geschildert werden. Das Buch endet mit einer Darstellung des Zusammenbruchs erst des russischen Zarenreichs 1917 und der beiden mitteleuropäischen Monarchien ein Jahr später.

Volker Berghahn, geb. 1938, lehrt moderne deutsche und transatlantische Geschichte an der Columbia University in New York. Zu seinen Arbeitsschwerpunkten gehören die deutsche und europäische Geschichte im 19. und 20. Jahrhundert. Er hat u. a. veröffentlicht: «Der Stahlhelm» (1966), «Der Tirpitz-Plan» (1971), «Imperial Germany» (1994) und «America and the Intellectual Cold Wars in Europe» (2001).

Volker Berghahn

DER
ERSTE WELTKRIEG

Verlag C.H.Beck

Für Mac

Mit 4 Karten

1. Auflage. 2003
2. Auflage. 2004
3. Auflage. 2006
4. Auflage. 2009
5., aktualisierte und ergänzte Auflage. 2014

6. Auflage. 2014

Originalausgabe
© Verlag C.H.Beck oHG, München 2003
Satz: Fotosatz Amann, Memmingen
Druck und Bindung: Druckerei C.H.Beck, Nördlingen
Umschlagentwurf: Uwe Göbel, München
Printed in Germany
ISBN 978 3 406 66365 9

www.beck.de

Inhalt

Prolog
Kriegsursachen und Kriegsausbruch 1914:
Ein Blick auf aktuelle Debatten

Der Erste Weltkrieg wird schon seit Langem in der Geschichtswissenschaft als die «Urkatastrophe» des zwanzigsten Jahrhunderts angesehen, die den Verlauf der Jahrzehnte nach 1918 bis zum Zusammenbruch des Ostblocks 1989/90 und darüber hinaus bis in unsere Tage fundamental beeinflusst hat.[1] Schon das an sich unhistorische Gedankenspiel mit der Frage macht dies deutlich: Wie hätte sich die neueste Zeit entfaltet, wenn die Großmächte im August 1914 nicht in den Abgrund eines totalen Krieges gestürzt wären, an dessen Ende mindestens zwanzig Millionen Tote zu beklagen waren? Keine Doppelrevolution in Russland 1917? Kein Zusammenbruch von drei Monarchien in Zentral- und Osteuropa sowie des Osmanischen Reiches? Kein Faschismus? Kein Stalinismus? Kein Zweiter Weltkrieg? Kein Holocaust? Kein Kalter Krieg? Kein Ende des Kolonialismus mit seinen menschenverschlingenden Befreiungskriegen? Die Kette der nach 1918 entstandenen Probleme ließe sich fortsetzen.

Unter diesen Umständen ist es nicht verwunderlich, dass die hundertjährige Wiederkehr des Ausbruchs des Ersten Weltkriegs bereits zahlreiche Bücher und wissenschaftliche Aufsätze gezeitigt hat.[2] Für 2014 werden in der ganzen Welt Konferenzen

---

1 Siehe Wolfgang J. Mommsen, *Die Urkatastrophe Deutschlands. Der Erste Weltkrieg, 1914–1918*, Stuttgart 2002.

2 Deutschsprachige Literatur u. a.: Herfried Münkler, *Der Große Krieg. Die Welt 1914 bis 1918*, Berlin 2013; Gerd Krumeich, *Juli 1914. Eine Bilanz*, Paderborn 2013; Guido Knopp, *Der Erste Weltkrieg. Bilanz in Bildern*, Berlin 2013; Ernst Piper, *Nacht über Europa. Kulturgeschichte des Ersten Weltkriegs*, Berlin 2013. Englischsprachige Literatur: Max Hastings, *Catastrope 1914: Europe Goes to War*, New York 2013; Michael S. Neiberg, *Dance of the Furies. Europe and the Outbreak*

und Seminare veranstaltet, die zu weiteren Veröffentlichungen führen. Es ist angesichts der Fülle von allein 2013/14 erschienenen Publikationen bereits schwer, sich ein klares Bild zu machen, wo wir heute in der Weltkriegsforschung stehen. Darüber hinaus wäre eine Reihe wichtiger Studien einzubeziehen, die anlässlich früherer Jahrestage 1994 und 2004 veröffentlicht wurden.[3] Letztere lassen sich historiografisch generell in solche aufteilen, die die Ereignisse «von oben» oder «von unten» betrachten. In diesem Band ist über diese beiden Perspektiven auf den Seiten 11–15 zu lesen. Allerdings haben diese Studien keine Grundsatzdebatten ausgelöst, ob man die Jahre 1914–1918 vorzugsweise in ihren politisch-militärischen oder in ihren sozioökonomisch-kulturellen Dimensionen analysieren soll.

Die Lage ist anders, soweit es die Ursachen und den Verlauf der Julikrise 1914 im engeren Sinne betrifft. Hier hat sich erneut eine lebhafte Debatte über Verantwortung und Schuld entwickelt, die im Folgenden vorgestellt werden soll, um Lesern und Leserinnen den Einstieg in die späteren Kapitel zu erleichtern. Zuvor müssen allerdings zwei wichtige Erkenntnisse erwähnt werden, über die sich die Forschung zum Kriegsausbruch *nicht* mehr heiß streitet. Hier ist als Erstes die Kriegsbegeisterung zu nennen, die im August 1914 wie ein Tsunami durch ganz Europa geschwappt sein soll. Wer Erich Maria Remarques *Im Westen nichts Neues* gelesen oder die amerikanische Verfilmung mit dem Titel *All Quiet on the Western Front* gesehen

---

  of World War I, Cambridge, MA, 2011; Margaret Macmillan, *The War That Ended Peace*, New York 2013; Charles Emmerson, *1913: The World before the Great War*, New York 2013. Siehe auch das Sonderheft des *Journal of Contemporary History*, April 2013, mit Aufsätzen zum Kriegsausbruch, sowie die weiter unten angegebenen Titel in den Anm. 14 und 18.
3 Siehe z. B. Sönke Neitzel, *Kriegsausbruch. Deutschlands Weg in die Katastrophe, 1900–1914*, München 2002; Gerhard Hirschfeld u. a. (Hg.), *Enzyklopädie Erster Weltkrieg*, Paderborn 2003; Hew Strachan, *The First World War*, New York 2004; David Stevenson, *Cataclysm. The First World War as Political Tragedy*, New York 2004; Richard F. Hamilton/Holger H. Herwig (Hg.), *The Origins of World War I*, New York 2003; Keith Wilson (Hg.), *Decisions for War, 1914*, London 1995; Mark Hewitson, *Germany and the Causes of the First World War*, Oxford 2006; Miranda Carter, *The Three Emperors: Three Cousins, Three Empires and the Road to World War I*, London 2009. John Röhl, *Wilhelm II.*, München 2008.

hat, wird sich an den Anfang erinnern. Dort ziehen Soldaten vor jubelnden Menschen an den Fenstern eines Gymnasiums vorbei, während drinnen im Klassenzimmer ein nationalistischer Lehrer seine Schüler antreibt, sich blutjung zum Frontdienst zu melden.

Die Kriegsbegeisterung, die in vielen Schulbüchern wiederholt wird, hat die neuere Forschung gründlich als Mythos entlarvt. Wohl gab es eine Begeisterung vor allem in den Städten, doch – wie wir jetzt wissen – reagierte die Mehrheit der Menschen gedrückt auf den Mobilisierungstrubel. Jean-Jacques Becker hat dies schon vor Jahren für Frankreich nachgewiesen.[4] Für Italien, Russland und andere Länder sind heute ähnliche Stimmungen dokumentiert.[5] Sehr deutlich formulierte ein älterer Sozialdemokrat die zwiespältige Stimmung in Hamburg: «Vor dem Gewerkschaftshaus am Besenbinderhof fanden sich Tag für Tag viele Genossen ein. Wir standen dem Treiben ziemlich verständnislos gegenüber. Viele fragten sich: ‹Bin ich verrückt oder sind es die anderen.›»[6] Es ist auch seit Langem bekannt, dass in vielen deutschen Städten Friedensdemonstrationen stattfanden, die die Regierung in Wien und Budapest warnen sollten, die Krise auf dem Balkan nach dem Attentat auf den österreichisch-ungarischen Thronfolger und seine Frau am 28. Juni 1914 nicht zu einem Krieg gegen Serbien zu eskalieren.[7] Was Millionen von Männern am Ende als Freiwillige oder Wehrpflichtige an die Front ziehen ließ, waren nicht Aggressionsgefühle, sondern die feste Überzeugung, dass man sich für eine Verteidigung des Vaterlandes gegen einen Angreifer einsetzte. Es ist auch bezeichnend für die eher pessimistische

---

4 Siehe Jean-Jacques Becker, *The Great War and the French People,* Leamington Spa 1985.

5 Allgemein: Neiberg (Anm. 2), S. 5 ff, 235; für England: Adam Hochschild, *Der Große Krieg,* Stuttgart 2011; für Deutschland: Volker Ullrich, *Kriegsalltag. Hamburg im Ersten Weltkrieg,* Köln 1982; Michael Stöcker, *Augusterlebnis in Darmstadt. Legende und Wirklichkeit,* Darmstadt 1994; Wolfgang Kruse, *Krieg und nationale Integration,* Essen 1994.

6 Zit in: Volker Berghahn, «Wettrüsten und Kriegsgefahr vor 1914», in: Helmut Böhme/Fritz Kallenberg (Hg.), *Deutschland und der Erste Weltkrieg,* Darmstadt 1987, S. 79.

7 Siehe dazu Karl-Dietrich Erdmann (Hg.), *Kurt Riezler. Tagebücher, Aufsätze, Dokumente,* Göttingen 1972, insbes. die Tagebucheinträge für Ende Juli 1914.

Grundstimmung der Bevölkerungen Europas, dass viele aus Angst vor einer Katastrophe ihre Ersparnisse von den Banken abhoben.[8]

Dieses Verhalten weist, zweitens, auf die Sphäre der Banken- und Geschäftswelt. Noch vor vierzig Jahren waren Teile der historischen Forschung der Meinung, dass die eigentlichen Kriegstreiber und Kriegsauslöser vor 1914 in der Industrie und den Finanzhäusern saßen. Auch hier wissen wir heute mehr. Zwar gab es einzelne Unternehmer in der Schwerindustrie, die an dem Rüstungswettlauf vor 1914 gut verdient hatten und sich für weitere staatliche Waffenbestellungen stark machten; doch gab es in allen Ländern auch unter den Wirtschaftseliten eine Mehrheit, die einen großen Krieg fürchtete wie die Pest. Sie wiesen auf die damaligen internationalen Handelsverflechtungen hin, die bei einem Weltbrand zusammenbrechen würden. Auch hatten sie ein besseres Verständnis dafür, welche enormen Opfer an Menschenleben und materiellen Ressourcen ein totaler Krieg zwischen Industrienationen kosten würde.

Dementsprechend versuchten diverse Bankiers und Unternehmer im Juli 1914, den Politikern und Militärs ihre Kriegsgedanken auszureden.[9] Den Argumenten von Norman Angell und Herbert Spencer folgend, waren viele überzeugt, dass es in einem solchen Krieg keine Sieger, sondern nur Verlierer geben würde und dass friedlicher Handel militärischen Konflikten auf jeden Fall vorzuziehen sei.[10] Wie das *Wall Street Journal* noch am 28. Juli dazu schrieb: «The whole world is engaged in business as never before. Industrial Germany in thirty years has far outrun military Germany. Throughout the civilized world, villages have become mill centers; towns have become cities; empires have succeeded states, and the Empire of the modern world is

---

8 So kam es nicht nur in Hamburg zu einem «panikartigen Ansturm auf die Sparkassen und Lebensmittelgeschäfte.» Zit. in: Berghahn (Anm. 6), S. 79.

9 Siehe dazu Niall Ferguson, *The Pity of War*, New York 1999, S. 192 f.

10 Siehe den damals in viele Sprachen übersetzten Bestseller des Engländers Norman Angell, *The Great Illusion. A Study of the Relation of Military Power in Nations to Their Economic and Social Advantage*, North Stratford, NH, 2000 (1911); Herbert Spencer, *Man Versus the State*, Boston 1981.

commercial and not martial.»[11] Diese Einstellung bedeutete freilich nicht, dass man in den Kolonien auch weiterhin begrenzte «Strafexpeditionen» gegen rebellische «Eingeborene» nicht befürwortete, die dort für «Ruhe und Ordnung» sorgten.

Indes, nach allem, was über die Geschäftswelt bekannt geworden ist, konnte sie die Politiker und Militärs nicht vom Abgrund zurückhalten, die nach der Verfassung die alleinige Entscheidungsgewalt über Krieg und Frieden innehatten. Sie alle – die Groß- und Privatbankiers wie die Rothschilds in England und Frankreich oder wie der Generaldirektor der HAPAG in Hamburg – mochten Einfluss in den Machtzentren besitzen, aber die Macht, einen Stopp und eine Wende zum Kompromiss einzuleiten, hatten jeweils nur die Monarchen und ihre politische und militärische Entourage. Nur Wilhelm II., Franz Joseph I. und Zar Nikolaus II. konnten die Mobilisierungsbefehle geben oder zurücknehmen. In England und Frankreich bedurften die Entscheidungsberechtigten noch der Zustimmung ihrer Kabinettskollegen und der Parlamentsmehrheit. Erst als der Kaiser unter Bruch der belgischen Neutralität in das kleine Nachbarland einfiel, um nach dessen Kapitulation von Norden her auf die Eroberung von Paris einzuschwenken, fand Außenminister Sir Edward Grey im Kabinett und Parlament die erforderliche Unterstützung für die Kriegserklärung gegen Deutschland. Jenseits dieser verfassungsbedingten Gegebenheiten beginnt nun die neueste Debatte zur Julikrise 1914.[12]

Einen guten Einstieg hierzu bietet Christopher Clark mit seinem Buch *Die Schlafwandler*, eine Studie, die Ende 2013 in Deutschland auf der Bestsellerliste für Sachbücher des Nachrichtenmagazins *Der Spiegel* stand und in Amerika von der *New York Times* im Dezember 2013 zu den zehn besten Büchern des Jahres gekürt wurde.[13] Dieses 900-seitige Werk zeichnet sich

---

11 Wall Street Journal, 28. Juli 1914.

12 Siehe das Urteil von Michael Neiberg (Anm. 2), S. 234: «War broke out because a select group of perhaps a dozen people willed it or stumbled incompetently around a situation that they thought they could control until it was too late to stop the machinery they had set in motion.»

13 Christopher Clark, *Die Schlafwandler*, Stuttgart 2013

dadurch aus, dass es den Blick nicht sogleich auf Berlin und Wien richtet, sondern auf den Balkan und Russland. Ausführlicher als ältere Gesamtdarstellungen der Julikrise 1914 gelingt es Clark, ein facettenreiches Bild der Zustände und Entwicklungen in Südosteuropa zu zeichnen, wo 1912 und 1913 Regionalkriege zuerst gegen das Osmanische Reich und danach zwischen Bulgarien, Rumänien, Serbien und Griechenland stattfanden.

Anschließend konzentriert sich der Autor mehr und mehr auf Serbien und dessen gegen das Habsburger Reich gerichtete Ziele. Belgrad sieht sich als das Zentrum einer nationalistischen und expansiv gegen Wien und Budapest organisierten Bewegung, durch die alle Slawen der Region in einem groß-serbischen Reich zusammengeführt werden sollen. Mit Unterstützung des serbischen Geheimdienstes, aber wohl nicht der Regierung in Belgrad, finden sich in Geheimzirkeln junge Nationalisten zusammen, um Anschläge zu verüben. Nach dem Attentat von Sarajewo setzen sie eine Kettenreaktion in Gang, die vier Wochen später im Weltkrieg endete. Es scheint, dass Clarks Perspektive durch unsere heutigen Erfahrungen beeinflusst ist. Auf jeden Fall zeigt er, wie Attentäter eine massive Lawine lostraten, die im Weltkrieg resultierte. Clark zufolge war vor 1914 auch das Zarenreich in den Sog der Balkankonflikte geraten.

Doch bevor dessen Argumentation zu diesem Thema näher zu beleuchten sein wird, muss auf das Buch von Sean McMeekin eingegangen werden, und dies nicht nur weil es vor Clark erschien und diesen in seiner Sicht der Rolle Russlands inspiriert zu haben scheint, sondern auch weil er das Zarenreich für den Ersten Weltkrieg verantwortlich macht, eine These, die vor langer Zeit von L.C.F. Turner und danach erneut von Edward McCullough vorgetragen wurde.[14]

Soweit es die Julikrise 1914 betrifft, konzentriert sich McMee-

---

14 Sean McMeekin, *Countdown in den Krieg,* Wien 2014. Zur älteren Literatur, in der das Zarenreich als hauptverantwortlich erscheint, siehe L.F.C. Turner, *The Origins of the First World War,* London 1970; Edward E. McCullough, *How the First World War Began,* New York 1999, mit starken antirussischen und auch antifranzösischen sowie prodeutschen, vor allem gegen Fritz Fischer gerichteten Akzenten.

kin auf die Petersburger Schachzüge und vor allem auf das Zu-
sammenspiel von Außenminister Sergei Sasonow und der militärischen Führung. Zwar habe man nach der Veröffentlichung
des österreichisch-ungarischen Ultimatums in Belgrad lediglich
eine Teilmobilisierung der Armee beschlossen, die von Sasonow
bloß als Warnung gegen etwaige kriegerische Absichten Wiens
auf dem Balkan heruntergespielt wurde; die tatsächlichen Vorbereitungen seien McMeekin zufolge von Anfang an jedoch sehr
viel weiter gegangen und hätten die Auslösung eines großen
Krieges gegen den Zweibund angesteuert, den man gewinnen zu
können glaubte.

Für den Autor sind also die vier Tage vom 25. bis zum 29. Juli
entscheidend, für die er als Beweismittel für seine Interpretation
eine ganze Reihe von Dokumenten und späteren Aussagen he-
ranzieht. Anhand dieser weist er scharfsinnig und durchaus
überzeugend nach, dass im Westen des Landes sehr viel umfang-
reichere militärische Maßnahmen ergriffen wurden, die einer
Vollmobilisierung gleichkamen. Nicht weniger wichtig ist, dass
diese Entwicklungen der deutschen Seite bekannt wurden, so-
dass diese den Versicherungen Sasonows und anderer Diplomaten, es handele sich lediglich um eine Teilmobilisierung, nicht
mehr glaubten.

Mit anderen Worten, McMeekin zufolge wussten Generalstabschef Helmuth von Moltke und Reichskanzler Theobald
von Bethmann Hollweg schon vor der offiziellen Verkündung
der russischen Vollmobilisierung am 31. Juli, dass St. Petersburg
das Ziel eines großen Krieges verfolgte. Daraufhin drängte jetzt
Moltke mehr denn je den Kaiser, die eigene Vollmobilisierung
zu befehlen, bevor es zu spät sei. Dies bildete den Hintergrund
des deutschen Ultimatums an Nikolaus II., seinen Befehl bis
zum 1. August zurückzuziehen. Als dies nicht geschah, weil es
infolge der schon längst angelaufenen Vorbereitungen gar nicht
mehr möglich war, unterschrieb der Kaiser am Nachmittag des
1. August den entsprechenden deutschen Befehl. Der große Vorteil dieser Abfolge war, dass Berlin sich nun rechtfertigen konnte,
sich in einem Verteidigungskrieg gegen Russland zu befinden. So
erklärt sich auch der Satz aus dem Tagebuch des Marinekabi-

nettschefs Georg Alexander von Müller, die Reichsleitung habe «eine glückliche Hand gehabt, uns als die Angegriffenen hinzustellen».[15]

Doch warum zielte das Zarenreich auf einen großen Krieg gegen die Mittelmächte? Hier sind für McMeekin die seit Langem formulierten und nun zu verwirklichenden Kriegsziele zentral. Seit Jahren schon habe das russische Außenministerium die territoriale Expansion nach Süden und Südwesten und den Zugang zum Mittelmeer durch eine Eroberung der Dardanellen anvisiert. Zum Teil auf russischen Quellen basierend, entwickelt der Autor das Bild einer bewusst verfolgten und langfristig gut koordinierten imperialistischen Politik St. Petersburgs, die auf eine Beerbung des zerfallenden Osmanischen Reiches abzielte.

An dieser Stelle ist auf ein Buch über die russische Außenpolitik zu verweisen, das Dominic Lieven demnächst veröffentlichen wird.[16] Darin widerspricht er McMeekin, indem er – beruhend auf einer kürzlichen Auswertung von einschlägigen Archiven in Moskau – ein hartes Gegeneinander mit zahlreichen Meinungsverschiedenheiten innerhalb und zwischen den Ministerien während der Vorkriegsjahre herausarbeitet. Diese Konflikte sieht er wiederum vor dem Hintergrund einer breiteren Diskussion über die Lebensfähigkeit des Zarenreiches, dem es nicht gelang, grundlegende modernisierende Reformen durchzusetzen. Es gehörte daher zu den Ländern, die sich nicht

---

15 Zitiert in: J.C.G. Röhl, «Admiral von Müller and the Approach of War, 1911–1914» in: *Historical Journal*, Bd. XII, Nr. 4 (1969), S. 670. Als am 31. 12. die offizielle Nachricht von der russischen Mobilmachung kam, gab es «überall strahlende Gesichter, Händeschütteln auf den Gängen, man gratuliert sich, dass man über den Graben ist». Zitiert in: S. Neitzel (Anm. 3), S. 189.

16 Veröffentlichung bei Penguin Books 2015. Siehe Lievens ältere Studie: *Russia and the Origins of the First World War*, New York 1983. Allgemein zum russischen Expansionismus: Dietrich Geyer, *Der russische Imperialismus*, Göttingen 1977; Rudolf A. Mark, *Im Schatten des ‹Great Game›. Deutsche Weltpolitik und russischer Imperialismus in Zentralasien, 1871–1914*, Paderborn 2012. Hastings Urteil (Anm. 2), S. 53, gegen McMeekin: «It is true that Russia was competing fiercely with Germany for control of the Dardanelles …, but the latter issue influenced 1914 events only because it intensified animosity and suspicion between the two nations.»

selbstbewusst im Aufstieg befanden, sondern vom Zerfall bedroht waren.

Doch wie steht es angesichts dieser Lage mit der Debatte über den unmittelbaren Kriegsausbruch und die Julikrise 1914, für die McMeekin St. Petersburg verantwortlich macht? Hatte er seine Position zu Russland doch ganz ausdrücklich auch aus einer Kritik heraus entwickelt, die sich gegen Fritz Fischer und gegen alle Historiker richtet, die Berlin und Wien die Hauptverantwortung an der Auslösung des Ersten Weltkriegs gegeben hatten.[17] Clarks Stellung zu dieser zentralen Frage ist nicht klar zu erkennen. Zwar hat er das Verdienst, die seit Langem schwelenden Balkanprobleme erneut genauer untersucht zu haben. Doch je mehr sich sein Buch auf den Juli 1914 zubewegt, um so schwieriger wird es, eine klare Linie zu erkennen. Nachdem er die Entwicklung der französischen Politik noch erfreulich scharf analysiert hat, verweilt er allzu lange bei der britischen Politik und den Manövern, das Empire in den Krieg zu lotsen, die noch andauern, als Deutschland schon in Belgien einmarschiert ist.

Diese Schwerpunktsetzung mag für einen in Cambridge lehrenden Historiker verständlich sein; doch bleibt seine Analyse allzu diffus, so als stimme er mit David Lloyd George überein, dass alle Großmächte letztlich gemeinsam in den Krieg geschliddert seien. Er betont Komplexität und weigert sich, eine Rangordnung vorzunehmen.

Unter diesen Umständen scheint es ratsam, *Die Schlafwandler* nicht zum Fokus der Diskussion zu machen, sondern sich in

---

17 Zu Fischer vor allem: Fritz Fischer, *Krieg der Illusionen,* Düsseldorf 1969. Fischers Position war von jeher, dass die Reichsleitung und die Militärs seit Anfang Juli sofort auf die Auslösung eines großen Krieges zusteuerten. Dagegen steht weiterhin die These, dass Bethmann Hollweg den Konflikt auf den Balkan begrenzen wollte, sich allerdings des Risikos eines großen Krieges dabei bewusst war. Siehe unten Anm. 19. Als aufgrund der russischen Reaktion klar wurde, dass diese Strategie um den 25. Juli gescheitert war, drängte vor allem Moltke auf den Krieg, für den er allerdings nur einen Operationsplan hatte: den Angriff auf Russlands Verbündeten Frankreich und den Marsch durch Belgien unter Verletzung von dessen Neutralität, wodurch dann auch England in den Krieg gezogen wurde. Zur Rolle der Habsburger Monarchie, siehe z. B. Samuel R. Williamson, *Austria-Hungary and the Origins of the First World War*, New York 1991.

Jörn Leonhards neues Buch über den Ersten Weltkrieg zu vertiefen.[18] Er kann als Erstes kein unbewusstes Handeln schlafwandelnder Entscheidungsträger feststellen. Ihm zufolge liefen sie
nicht desorientiert in die Katastrophe. Eher waren sie im Wissen
um das, was auf dem Spiel stand, und um die großen Risiken,
die sie eingingen, psychisch und physisch einfach hoffnungslos
überfordert. Soweit es die Fischerschen Argumente betrifft, die
bei allen diesen neuen Büchern im Hintergrund stehen, optiert
Leonhard zunächst für die von Konrad Jarausch u. a. vorgebrachte These, dass man Anfang Juli in Berlin zunächst eine Begrenzung der Sarajewo-Krise auf den Balkan wollte, durch die
Serbien bestraft und eingedämmt und die Habsburger Monarchie stabilisiert werden würde, während Russland stillhielt.
Doch diese Strategie, die das enorme Risiko eines Abgleitens in
einen großen Krieg von vornherein in sich hatte, scheiterte, als
Russland auf dem Plan erschien und eine Erniedrigung Serbiens
nicht zulassen wollte.[19]

   Die Folge war, dass sich Berlin Ende Juli 1914 in eine ähnliche
Zwangslage gebracht hatte wie Russland mit seiner vorherigen
Mobilisierung. Denn so sehr der Kaiser noch am 1. August an
eine Deeskalation gedacht haben mochte, die Züge, die Soldaten
und Kriegsmaterial Ende Juli nach minutiös ausgearbeiteten
Fahrplänen über die Rheinbrücken zur belgischen Grenze transportierten, waren ebenfalls nicht mehr zu stoppen oder – wie
Wilhelm II. naiv meinte – in den Osten umzudirigieren. Doch
wie Leonhard ausführt (und was vor ihm Annika Mombauer
und Stig Förster gezeigt haben), der Generalstabschef hatte keine
andere Wahl mehr, als am 1. August die Flucht nach vorn zu ergreifen und den großen Krieg im Westen zu beginnen, von dem
er lediglich wusste, dass es kein kurzer Kampf sein würde, der bis
Weihnachten 1914 in einem deutschen Sieg enden würde.[20]

18 Jörn Leonhard, *Die Büchse der Pandora*, München 2014.
19 Siehe z. B. Konrad H. Jarausch, *The Enigmatic Chancellor. Bethmann Hollweg
   and the Hybris of Imperial Germany*, Princeton, NJ, 1972, insbes. S. 148 ff., zur
   «Illusion des begrenzten Krieges».
20 Siehe Annika Mombauer, *Helmuth von Moltke and the Origins of the First World
   War*, Cambridge 2001; Stig Förster, «Der deutsche Generalstab und die Illusion

Schlimmer noch war, dass Moltke nicht wusste, wie der Konflikt ausgehen würde. Für ihn gab es nur den Zwang, handeln zu
müssen, bevor sich das Machtgleichgewicht ab 1915/16 gegen
die Mittelmächte verschob. Dabei sollte natürlich immer bedacht werden, dass weder Bethmann Hollweg mit seiner risiko-
vollen Begrenzungskonzeption noch Moltke mit seiner Idee, im
Westen zu siegen, ehe er das Heer im Osten gegen die vermeintlich langsamer mobilisierenden Russen warf, die fürchterliche
Zukunft auch nur erahnten, die wir rückschauend heute ken-
nen. Dennoch wird man auch hinfort nicht an den Analysen von
Förster vorbeikommen, für den die in Berlin gefällten Entscheidungen vom 1. August 1914 in ihrer vermeintlichen Ausweg-
losigkeit und Blindheit eine «nahezu verbrecherische Unver-
antwortlichkeit» an sich hatten.[21] Insofern wurden sowohl die
Entscheidungsträger in Berlin und Wien wie auch jene in St. Petersburg Insassen eines strategischen Gefängnisses, das sie sich
selbst gebaut hatten.

---

des kurzen Krieges, 1871–1914. Metakritik eines Mythos» in: *Militärgeschicht-
liche Mitteilungen*, Bd. 54, Nr. 1 (1995), S. 61–95.

21 So das Urteil von Förster in (Anm. 18), S. 94. Interessant auch die Interpretation
von Avner Offer («Going to War in 1914: A Matter of Honor?» in: *Politics &
Society*, Bd. 23, Nr. 2 (1995), S. 213–41), der sich mit dem Ehrenkodex des Offi-
zierskorps auseinandersetzt und ähnlich wie Leonhard das Problem der vorherr-
schenden Mentalitäten anschneidet.

I. Der Erste Weltkrieg und seine Kosten

1. Der Erste Weltkrieg und das 20. Jahrhundert

Wer den Ausbruch, den Verlauf und das Ende des Ersten Weltkriegs rückschauend aus der Perspektive des beginnenden 21. Jahrhunderts betrachtet, mag angesichts der Welt, in der wir heute leben, die Ereignisse der Jahre 1914–1918 nicht mehr ganz so unbegreiflich finden, wie sie zuerst den Zeitgenossen in den zwanziger Jahren erschienen. Damals war in vielen Kreisen die Ansicht verbreitet, dass Europa von einer Naturkatastrophe heimgesucht worden sei.

Man glaubte, ein Orkan sei über die Menschen hinweggefegt, der Teile Europas in eine öde Mondlandschaft verwandelt hatte. Und nachdem die Waffen dann endlich schwiegen – so hieß es damals weiter – kam erneut die Natur daher und überdeckte die Felder des millionenfachen Todes mit einem sanften hügeligen Grasteppich oder mit Getreidefeldern, in denen die für Nordfrankreich und Flandern so typischen roten Mohnblumen im Winde mit den Ähren schwankten. Das waren die Blumen, die in Großbritannien bis heute am Totensonntag im Knopfloch zur Erinnerung an den «Great War» getragen werden, als der der Weltkrieg den Engländern immer noch erscheint. Auch die Toten aus den verschlammten Schützengräben und Granattrichtern der Westfront wurden – soweit man sie noch identifizieren konnte – nicht auf den desolaten Schlachtfeldern, sondern in grünen «Heldenhainen» und – wie die Franzosen sie nannten – *jardins de funèbre* zur letzten Ruhe gelegt.

An dieser Interpretation des Krieges haben viele Schriftsteller mitgewirkt, die den Krieg nach 1918 in ihren Romanen und Memoiren romantisierten. Aber auch in den Bevölkerungen Europas und unter den Hinterbliebenen kam das Bild einer Naturkatastrophe einem verständlichen Bedürfnis entgegen, diese Jahre zu bewältigen. Erst in den späten zwanziger Jahren – wie weiter unten zu zeigen – erschienen Bücher und Filme, die die Erfahrungen der Jahre 1914–1918 realistischer beschrieben. Und schließlich dürfen wir nicht vergessen, dass viele Menschen, die damals politisch links standen, die Heroisierungen des Konflikts nie akzeptiert haben.

Doch selbst wenn wir die Erklärung des Ersten Weltkrieges als Naturkatastrophe heute zurückweisen und ihn als ein Ereignis sehen, das von Menschen ausgelöst, vorangetrieben und schließlich erschöpft beendet wurde, der Eindruck des Apokalyptischen bleibt, je mehr wir uns in die Ursachen und den Verlauf des Konflikts vertiefen. Dies gilt umso mehr, weil wir auch wissen, dass «1914–18» nur der Beginn einer viel längeren Epoche war, die Europa und die ganze Welt schließlich mit einer weiteren Orgie der Gewalt überzog. Gibt es doch viele gute Argumente dafür, dass der Zweite Weltkrieg, der noch höhere Totenziffern produzierte und schließlich im Holocaust kulminierte, eine Fortsetzung des Ersten war. Zwischen diesen beiden Konflikten lagen Jahre des fortgesetzten Bürgerkriegs, des gegenseitigen Mordens unter innenpolitischen Gegnern mit kaum gezählten und zählbaren Opfern.

Auch nach 1945, als der Zweite Weltkrieg endlich vorüber war, ging das Töten weiter, diesmal allerdings verlagert auf Regionen außerhalb Europas in der so genannten «Dritten Welt», ganz zu schweigen von den Opfern, die die Errichtung stalinistischer Diktaturen in der «Zweiten Welt» nach 1945 forderte. Insgesamt starben in der zweiten Hälfte des 20. Jahrhunderts sogar mehr Menschen einen gewaltsamen Tod als in der ersten. Heute liegen die Schätzungen für das gesamte Jahrhundert bei 187 Millionen Toten, davon ca. 60 Millionen für den Zweiten Weltkrieg und 20 Millionen für den Ersten. Wer die Soldatenfriedhöfe des Ersten Weltkriegs in Nordfrankreich gesehen hat, ist von dem Meer von Grabkreuzen und -steinen überwältigt. Sich ein Areal mit 20 Millionen oder gar 187 Millionen solcher Kreuze und Steine vor Augen zu führen, übersteigt wohl unsere Vorstellungskraft.

Damit ist freilich nicht gesagt, dass wir ebenso hilflos vor der

Frage nach den Ursachen, dem Verlauf und dem Ende der von Menschen ausgelösten Katastrophe stehen. Vielmehr gilt es auch in diesem Buch, auf knappem Raum zu analysieren und zu erklären, was damals geschah. Doch sollen zuvor noch einige weitere Zahlen genannt werden, die bei Kriegsende 1918 bereits vorlagen oder später von den Historikern erarbeitet worden sind. Zur weiteren Vorausorientierung des Lesers sollen dann in einem letzten Unterabschnitt dieses Einleitungskapitels die sich wandelnden Hauptströmungen der internationalen Geschichtswissenschaft dargestellt werden, die sich nicht nur in dem hier vorgelegten Material spiegeln, sondern auch den Aufbau dieses Bandes erklären, der von einer strikten chronologischen Erzählung abweicht.

2. Eine Verlustrechnung

Bei Beginn des Ersten Weltkriegs standen in den beiden zentraleuropäischen Monarchien, Deutschland und Österreich-Ungarn, 2,2 Millionen bzw. 810000 ausgebildete Männer, die für einen großen Konflikt mobilisiert werden konnten. Das mit Frankreich verbündete Russland verfügte über 1,2 Millionen, die Franzosen über 1,25 Millionen. In England, das keine Wehrpflicht besaß, waren es 711000. Italien, das ursprünglich mit Deutschland und Österreich-Ungarn verbündet war, aber bei Kriegsbeginn neutral blieb, ehe es 1915 gegen den zentraleuropäischen Zweibund antrat, brachte es auf 750000 Mann.

Das waren sicherlich beachtliche Zahlen. Wie weit die Totalisierung des Krieges dann bis 1918 voranschritt, zeigt sich an der Zahl der bis dahin insgesamt Eingezogenen:

Deutschland	11,0 Millionen
Österreich-Ungarn	6,5 Millionen
Osmanisches Reich	1,6 Millionen
Großbritannien (mit Empire)	7,4 Millionen
Frankreich (mit Empire)	7,5 Millionen
Russland	12,0 Millionen
Italien	5,5 Millionen
Vereinigte Staaten von Amerika	4,2 Millionen

Für die insgesamt 9,4 Millionen, die unmittelbar in Kampfhandlungen umkamen, besitzen wir für England, Frankreich
und Deutschland einigermaßen verlässliche Ziffern: 723 000
bzw. 1,32 Millionen bzw. 2,03 Millionen. Für Russland
und Österreich-Ungarn ist die Zahl mit 2 Millionen bzw.
1,4 Millionen wahrscheinlich zu niedrig angesetzt, forderte
doch der russische Bürgerkrieg, der der Revolution von 1917
folgte und bis 1921/22 tobte, über 900 000 Tote, während
6,8 Millionen verletzt oder krank wurden. Außerhalb Europas
kamen allein in Indien durch die 1918 ausbrechende Grippe-
Epidemie 6 Millionen Menschen ums Leben; in Afrika belief
sich die Zahl einschließlich anderer Krankheiten auf über
1 Million.

Zu den Weltkriegstoten müssen auch die vielen Vermissten
gezählt werden, die oft in Kriegsgefangenschaft geraten waren,
aber nicht zurückkehrten. An der Ostfront waren infolge des
dortigen Bewegungskrieges die Kriegsgefangenenzahlen besonders hoch: 2,2 Millionen im Falle des Habsburger Reiches und
2,5 Millionen unter den Russen. Zwar bemühte sich die Zarenarmee anfangs noch um eine humane Behandlung der österreichisch-ungarischen Soldaten, die in ihre Hände fielen und z. T.
in sibirische Lager transportiert wurden. Aber sowohl das dor-
tige Klima als auch der bald das ganze Land betreffende Zusammenbruch der Lebensmittelversorgung trieben die Zahl der in
den Lagern Verstorbenen in die Höhe, bis 1917 mit der Revolution schließlich das völlige Chaos ausbrach.

Angesichts dieser Ziffern kann man sich ausmalen, wie viel
Trauerarbeit in allen europäischen Ländern schon während des
Krieges geleistet werden musste. In den zwanziger Jahren gab
es kaum eine Familie, in der nicht ein Vater, Sohn, Onkel oder
Neffe fehlte bzw. vermisst wurde. Aus den Erfahrungen des
Zweiten Weltkrieges und auch des Vietnam-Konflikts wissen
wir, dass es für Familien fast noch schwerer ist, mit einer Ver-
misstenmeldung fertig zu werden als mit der gefürchteten To-
desnachricht, die wenigstens Gewissheit brachte.

Infolge eines Rekrutierungssystems, das erst später abge-
ändert wurde, wurden in Großbritannien zu Beginn des Kon-

flikts manche Regionen und Städte besonders schwer getroffen. Dort geschah es bei dem Aufruf, sich freiwillig zu melden, dass ganze Dörfer oder Straßenzüge in den Arbeitervierteln der nördlichen Industriestädte frohgemut nach Belgien oder Nordfrankreich zogen, um dann in einer der Höllenschlachten bei Ypern oder an der Somme gemeinsam den Tod zu finden. Besonders tief war auch die Trauer in den Oberschichten. Deren an den Eliteuniversitäten studierende Söhne hatten sich in großer Zahl als Freiwillige gemeldet und – anders als die oft unterernährten und kränklichen Freiwilligen aus den Slums der Industriegebiete – die Musterung ohne weiteres bestanden. So starben von den Unterzwanzigjährigen an den Universitäten von Oxford und Cambridge 23,7 bzw. 26,7 % im Vergleich zum Armeedurchschnitt von 16,2 %. Hier wirkte sich also ein Klassenunterschied anders aus, als auf den ersten Blick vielleicht zu erwarten. Diese Studenten waren die «Lost Generation», deren Ausfallen infolge des Ersten Weltkrieges manche für die späteren Führungsschwächen Englands verantwortlich machten, nicht zuletzt auch im Hinblick auf die Fähigkeit des Landes, in den dreißiger Jahren auf die Bedrohung durch den Nationalsozialismus eine adäquate Antwort zu finden.

Schwer war für viele Eltern, Frauen und Kinder, deren Söhne, Ehemänner und Väter im Felde blieben, auch das sich bald ausbreitende Wissen, dass viele von ihnen nicht in Sekundenschnelle, sondern unter großen Qualen umgekommen waren. Wer nämlich bei einem Sturmangriff im Niemandsland zwischen den Drahtverhauen vom feindlichen Maschinengewehrfeuer nicht sofort getötet, sondern nur schwer verwundet worden war und nicht zurückgeholt werden konnte, verendete oft unter fürchterlichen Schmerzen. Doch die Hilfeschreie blieben meist unerhört. Denen, die während einer Gefechtspause zu den eigenen Linien zurückkriechen konnten oder bei einem Artillerieangriff im Unterstand schwer verletzt ins Lazarett eingeliefert wurden, war oft auch nicht mehr zu helfen. Hoffnungslos überlastete Ärzte mussten immer wieder eine schnelle Entscheidung treffen, ob ein Verwundeter noch eine Überlebenschance hatte. Bestand diese nach Ansicht der Ärzte nicht, so erfolgte die Abschiebung in einen Nebensaal, wo den Todgeweihten dann mit schmerzstillenden Mitteln das Sterben erleichtert wurde.

Die detaillierte Beschreibung der menschlichen Kosten des großen Sterbens an den Fronten, wie sie durch die internationale Forschung inzwischen erfolgt ist, ist auch deshalb bedeutsam, weil neben die individuelle Trauer, die für Millionen von Europäern im Kriege und oft schon im Herbst 1914 begann, die spätere kollektive Verarbeitung des Massensterbens trat. Obwohl wir es hier mit einem Phänomen der Nachkriegszeit zu tun haben, muss es wenigstens kurz erwähnt werden. Denn in dem Bedürfnis nach einer gemeinsamen Erinnerung an die Toten an den jährlichen nationalen Trauertagen und in den Andachten vor den Kriegerdenkmälern, die bald selbst in den kleinsten Gemeinden errichtet wurden, spiegelt sich auch das große Elend, das der Weltkrieg verursacht hatte. War die Erinnerung an das Verlorene doch das Einzige, was vielen Familien noch verblieben war, wenn sie zusammen mit ihren Nachbarn an den «Erinnerungsorten» ihre Blumen und Kränze niederlegten und die tröstenden Worte des Pastors oder des Bürgermeisters anhörten. Für viele Familien war dies der alleinige Ort; denn ein individuelles Grab gab es meist nicht, oder es lag in einem unerreichbar fernen Lande auf einem der vielen Soldatenfriedhöfe.

Zu den menschlichen Kosten des Weltkrieges gehören schließlich die Verwundeten und oft bis zur Unkenntlichkeit Verstümmelten, die nach Hause kamen. Für sie ergibt sich folgendes Bild:

Deutschland	4,2 Millionen
Österreich-Ungarn	3,6 Millionen
Osmanisches Reich	400 000
Großbritannien (mit Empire)	2,1 Millionen
Frankreich (mit Empire)	2,7 Millionen
Russland	4,9 Millionen
Italien	947 000
Vereinigte Staaten von Amerika	204 000

Unter den Schwerverletzten waren einerseits die Arm- und Bein-
amputierten, von denen viele nicht mehr arbeitsfähig waren und
die Tage mit einer mageren Rente bei ihren Familien ver-
brachten. In England gab es 36 400 Männer mit Schwerstverlet-
zungen (Verlust von zwei Gliedern, Paralyse, permanent Bett-
lägrige); über 24 000 hatten entweder einen Arm oder ein Bein
ganz verloren, während 152 000 unter Teilamputationen ihrer
Arme oder Beine litten. Auf die Hilfe der Familie angewiesen,
waren sie oft verbittert und von nächtlichen Albträumen ge-
plagt, in denen die schlimmen Gefechtsszenen im Schlaf noch
einmal an ihnen vorüberzogen. Viele von ihnen ließen ihre
Bitterkeit über ihr Schicksal an ihren Frauen und Kindern aus,
indem sie verbal oder gar physisch gewalttätig wurden. In
Frankreich verdoppelte sich die Zahl der Scheidungen, die 1913
bei 16 000 gelegen hatte, in den Jahren 1920 und 1921 auf
35 000 bzw. 31 000.

Manchen der Kriegsversehrten gelang es, eine Arbeit zu finden, die oft aber wenig befriedigend war. Auch aus diesem
Grunde war die Zahl derer, die in Depressionen verfielen, groß.
Schlimm war auch die Lage derer, die das Augenlicht verloren
oder andere schwere Kopfverletzungen davongetragen hatten.
In Frankreich als «Männer mit dem zerbrochenen Gesicht» titu-
liert, konnten sie den Anblick ihres oft grotesk zerstörten Ant-
litzes im Spiegel nur dadurch ertragen, dass sie eine von einem
Maskenbildner angefertigte Maske trugen. In den Lazaretten, in
denen ihre Gesichter wieder zusammengeflickt wurden, waren
Spiegel verboten.

Schließlich gab es noch Hunderttausende, die bei physischer
Gesundheit seelischen Schaden davongetragen hatten. Im Prinzip galt dies wohl für jeden, der die noch zu schildernden Mate-
rialschlachten im Westen in den Schützengräben miterlebt hatte.
In einer Zeit unterentwickelter psychiatrischer Betreuung versuchten freilich die meisten, mit ihren seelischen Nöten allein
oder im Kreise der Familie fertig zu werden. Für die, denen dies
nicht aus eigenen Kräften einigermaßen gelang, standen Spe-
zialkliniken zur Verfügung. Dort wurden während des Krieges
und danach Tausende von Soldaten und Offizieren behandelt,

die einen «Shell Shock», eine Kriegsneurose, erlitten hatten. Zu diesen Patienten gehörten jene, die nach stunden- und tagelangen Artilleriebombardements in den Unterständen plötzlich schreiend ins Freie liefen und entweder orientierungslos im Niemandsland Opfer der gegnerischen Scharfschützen wurden oder, sofern sie in der Etappe von der Militärpolizei aufgegriffen wurden, zuerst als Deserteure behandelt und in einigen Fällen anschließend standrechtlich erschossen wurden.

Erst langsam erkannten die Militärärzte, dass die Betroffenen einen hysterischen Anfall erlitten hatten und der psychotherapeutischen Behandlung bedurften. In vielen Fällen war diese erfolgreich. Aber es gab auch nach dem Kriege vielerorts noch Patienten, die seelisch völlig gestört waren; die etwa bei einem unerwarteten, lauten Geräusch einen Zitteranfall bekamen oder sich stumm unter ihrem Bett verkrochen.

Die bisherige Schilderung der menschlichen Verluste des Weltkrieges versuchte einen Begriff davon zu vermitteln, welche menschlichen Kosten und Belastungen das Geschehen an den Fronten für die Soldaten selbst, ihre Familien und die Gesellschaften der beteiligten Nationen mit sich brachte. Wenden wir uns den materiellen Verlusten zu, glichen Teile Nordfrankreichs und Flanderns 1918 einer leblosen Schlammwüste mit riesigen Trichtern und Baumstümpfen. An die 25 000 Quadratkilometer an landwirtschaftlichem Boden und Forsten waren zerstört; 1,3 Millionen Kopf Vieh gingen verloren, und 250 000 Gebäude lagen in Trümmern. Im Osten waren die physischen Zerstörungen ebenfalls groß und großflächiger, da manche Regionen mehrmals von der einen Seite erobert und dann von der anderen zurückerobert worden waren. Soweit bekannt, ist es nie möglich gewesen, für den Osten eine Gesamtverlustrechnung aufzustellen.

Diese Zerstörungen waren vor allem von Waffen verursacht, die vor 1914 produziert und aus den Staatshaushalten teuer bezahlt worden waren. So gab die Triple Entente (England, Russland, Frankreich) 1913 zusammengenommen 246,2 Millionen Pfund Sterling, Deutschland und Österreich-Ungarn 118,4 Millionen Pfund Sterling aus. Zwischen 1890 und 1913 wuchsen die Verteidigungshaushalte für die Triple Entente um 164,2 %, für den Zweibund um 158,5 %. Die Staatsverschuldung erhöhte sich 1913 im Vergleich zu 1887 in Frankreich um 39 %, in Deutschland um 153 % und im Zarenreich um 137 %. Nur England verzeichnete einen Rückgang um 5 %.

Allerdings verblassten diese Rüstungsausgaben aus der Vorkriegszeit im Vergleich zu den Kosten der Kriegführung nach 1914. Dabei ist zu betonen, dass es sich bei den folgenden Statistiken um grobe Schätzungen handelt. Was diese Schätzungen so schwierig machte, war einerseits, dass die Geldentwertung die Staatsschulden z. T. dramatisch verringerte. Zum anderen führte die fortschreitende Totalisierung des Krieges zu erhöhten Investitionen und zu einer Modernisierung der Produktionsapparate, nicht zuletzt auch weil die Maschinen bei ihrem Dauereinsatz schneller verschlissen wurden.

Stellt man diese und andere Faktoren in Rechnung, kostete der Weltkrieg die Großmächte auf beiden Seiten über 175 Milliarden $. Davon trugen Deutschland und Großbritannien mit 37,8 bzw. 35,3 Milliarden den höchsten Anteil, gefolgt von Frankreich mit 24,3 Milliarden, Amerika mit 22,6 Milliarden, Russland mit 22,3 Milliarden, Österreich-Ungarn mit 20,6 Milliarden und Italien mit 12,4 Milliarden. Am höchsten waren dabei die Materialverluste im Landkrieg. Allein bei der Vorbereitung des britischen Angriffs auf die deutschen Stellungen an der Somme Ende Juni 1916 hagelten auf einen 20 Kilometer langen Abschnitt drei Millionen Granaten nieder.

Weniger kostspielig war der Seekrieg. Denn die teuren Schlachtschiffe, die sich der Zweibund seit der Jahrhundertwende zugelegt hatte, blieben, von einzelnen Gefechten und dem Kreuzerkrieg in Übersee abgesehen, weitgehend unversehrt im Hafen liegen. Sie waren zu schwach, um der Royal Navy die Stirn bieten zu können. Der Seekrieg verlegte sich auf Torpedierungen alliierter Handelsschiffe durch die Deutschen, die vor allem die Engländer erheblich schädigten. Sie verloren über neun Millionen Bruttoregistertonnen, gefolgt von den Norwegern mit 1,2 Millionen.

Zudem brach der internationale Warenaustausch zusammen,

der vor 1914 dazu beigetragen hatte, den Wohlstand aller europäischen Staaten so eindrucksvoll zu vermehren. Hier gehörte die Handelsnation Deutschland, deren Zugang zum Weltmarkt die Royal Navy bei Kriegsausbruch sofort blockierte, zu den Hauptleidtragenden. Noch 1913 hatte das Deutsche Reich Güter im Werte von 10 097 Mill. Mark exportiert. Der Importwert lag mit 10 750 Mill. sogar noch etwas höher. Im Kriege sanken diese Ziffern auf einen Bruchteil, da der Handel selbst durch das neutrale Holland durch die alliierte Blockade weitgehend eingeschränkt wurde und allenfalls der Weg nach Schweden mit seinen Erzvorkommen offen blieb. Erst im Jahre 1925 überschritten die deutschen Importwerte die von 1913 um 2400 Mill. Mark, während die Exporte mit 9284 Mill. Mark bezeichnenderweise unter dem Vorkriegsstand blieben.

Diese Diskrepanz spiegelte sich auch in der deutschen Industrieproduktion, die bei den Investitionsgütern 1922 bei 70 % des Vorkriegswertes lag und infolge der Besetzung des Ruhrgebiets, des schwerindustriellen Herzens des Reiches, durch die Franzosen und Belgier im Jahre 1923 gar auf 43 % absank. Auch in Westeuropa, wo man vor 1914 ebenfalls vom internationalen Warenaustausch enorm profitiert hatte, kamen Handel und Gewerbe nach 1918 nur langsam wieder in Gang. Die Folge waren Arbeitslosigkeit und materielle Not, vor allem in den Unterschichten, die z. B. in England zu Proteststreiks und Hungermärschen führten.

Die Kosten des Weltkrieges wären indessen nicht vollständig aufgeführt, wenn man nicht auch die Verluste des Finanzsystems betrachtete. Wir werden weiter unten analysieren, wie die am Weltkrieg beteiligten Länder ihre Teilnahme im Einzelnen finanzierten. Hier genügt daher der Hinweis, dass der Konflikt überall zu einer Verarmung der Volkswirtschaften führte. Um es drastisch zu sagen: Teure Granaten und Patronen wurden verfeuert, um Menschen und Güter auf der gegnerischen Seite zu zerstören. Menschen konsumierten nicht mehr friedlich die von ihnen produzierten Güter, sondern wurden von feindlichem Kriegsmaterial «konsumiert». Die Hoffnung war, dass der Sieg es möglich machen würde, die eigenen Kosten durch Reparationszahlungen des Verlierers auszugleichen. In diesem Glauben finanzierten alle Nationen, voran das Deutsche Reich, ihren Krieg über Anleihen, d. h. den Aufruf an die Besitzenden, ihre Ersparnisse gegen Anleihezertifikate dem Staat zur Verfügung zu stellen. Dieser versprach mit dem Zertifikat, die Summe bei einem siegreichen Ausgang zusammen mit Zinsen zurückzuzahlen.

Indessen brachte schon die durch den Krieg beschleunigte Inflation eine Entwertung dieses patriotischen Opfers mit sich. Als zu dieser Entwertung auf Seiten der Mittelmächte noch die Niederlage kam, sank der Wert der Zertifikate unvermeidlich auf den Nullpunkt. Mit anderen Worten, die Dezimierung mittelständischer Sparkonten durch die im Kriege begonnene Teuerung steigerte sich hernach dadurch, dass der Staat sein Versprechen, die Anleihen plus Zinsen zurückzuzahlen, infolge des Kriegsausgangs annullieren musste. Wer einst ein schönes Sparguthaben besessen hatte, wurde auf diese Weise nach 1918 praktisch enteignet, mit politischen Folgen, die schließlich einen nicht unerheblichen Beitrag zum Zusammenbruch der Weimarer Republik und dem Aufstieg Hitlers leisteten.

Angesichts der hier präsentierten Zahlen über die menschlichen und materiellen Verluste ist es nicht verwunderlich, dass die Europäer die Nachkriegsprobleme, die mit diesem Aderlass entstanden waren, bis 1939 nicht meisterten. Danach zettelte das nationalsozialistische Deutschland einen weiteren Weltkrieg an, der u. a. die territorialen Ergebnisse des Ersten annullieren und den nicht errungenen Sieg von 1914 «nachholen» sollte. Ebenso ist verständlich, warum die Historiker bis heute so gut wie einhellig den Ersten Weltkrieg als die «Urkatastrophe» des gewaltsamen 20. Jahrhunderts ansehen.

3. Der Erste Weltkrieg und die Geschichtswissenschaft

Betrachtet man die Entwicklung der Geschichtswissenschaft nach 1918, wird schnell deutlich, dass der Ausgang des Ersten Weltkrieges und die Verbitterung, die seine verheerenden Verluste verursachten, zu einer starken Politisierung der historischen Gelehrsamkeit führten. Die so genannte Kriegsschuldfrage löste Debatten aus, an denen sich so gut wie alle bekannten Wissenschaftler des Westens einerseits und Zentraleuropas andererseits beteiligten. Die beiden Lager standen sich mit diametral entgegengesetzten Argumenten fast unversöhnlich gegenüber. Die Engländer, Franzosen und Belgier machten Deutschland und Österreich-Ungarn für die Auslösung der Katastrophe verantwortlich. Die Letzteren wiesen eine derartige Schuld empört zurück. Mitte der zwanziger Jahre bemühten sich sodann einige amerikanische Historiker, voran Sidney Fay und Elmer Barnes, eine vermittelnde Position zu entwickeln. Doch der Aufstieg Hitlers und die Korrumpierung der deutschen Geschichtswissenschaft während der Nazi-Zeit machten auch diese Ansätze zunichte.

Indessen geht es in diesem Abschnitt nicht um eine Zusammenfassung der Forschung über den Kriegsausbruch seit 1945. Vielmehr wollen wir uns unserem Thema hier aus einer breiteren Perspektive nähern. Es geht darum, die umfassenderen Tendenzen in der Geschichtswissenschaft seit dem Zweiten Weltkrieg nachzuzeichnen. Waren es doch die Verschiebungen, die sich dabei ergaben, die auf die Forschungsschwerpunkte zum Weltkrieg zurückwirkten und infolgedessen auch die Strukturierung dieses Bandes beeinflusst haben.

Gerade wenn man die Veröffentlichungen zu diesem Thema der letzten zehn Jahre betrachtet, zeigt sich deutlich, wie stark sich ein Wandel von der Politik- und Militärgeschichte hinweg zur Sozial- und Kulturgeschichte des Krieges vollzogen hat. In den fünfziger Jahren war es noch ganz selbstverständlich gewesen, dass man bei der Untersuchung nicht nur der Ursachen des Konflikts, sondern auch seines Verlaufes die «große Politik» abhandelte. Man untersuchte die internationale Diplomatie und die diversen Bemühungen der Kriegführenden wie der Neutralen, einen Kompromissfrieden zu erreichen. Ebenso entsprach es diesem Forschungsansatz, dass man sich der Frage der Kriegsziele und der Erringung eines «Siegfriedens» zuwandte. Diese Analysen wurden ergänzt durch Studien zur Entwicklung der Innenpolitik in den einzelnen Ländern. Zusammen mit der Politikgeschichte beschäftigte man sich mit den großen Schlachten, wobei es in erster Linie darum ging, die Feldherren und deren strategische Entscheidungen zu verstehen.

Während diese Schwerpunkte in den sechziger Jahren weiterverfolgt wurden und u. a. die Bücher des Hamburger Historikers Fritz Fischer zum Kriegsausbruch und zu den deutschen Kriegszielen sowie das Alterswerk des Freiburger Doyens der westdeutschen Historikerschaft, Gerhard Ritter, hervorbrachten, kam die Wirtschaftsgeschichte des Ersten Weltkriegs stärker in Gang. Damals erschienen auch genauere Studien, die die Kosten des Konflikts statistisch zu erfassen suchten. Diese Analysen verschmolzen schließlich mit einem anderen, zunächst quantifizierenden Ansatz, der Demographie. Ihr war es zu verdanken, dass zum ersten Male verlässlichere Zahlen über Menschenverluste vorgelegt werden konnten.

Parallel dazu entstanden Untersuchungen mehr politökonomischer Art, wofür die frühen Arbeiten des amerikanischen Historikers Gerald D. Feldman ein hervorragendes Beispiel sind. Bei ihm standen die großen Blöcke von Staat/Armee, Arbeitgebern und Gewerkschaften im Mittelpunkt. Es ging ihm um ein Verständnis des sich dynamisch verschiebenden Machtgefüges. Das waren Perspektiven, die dann auch von den Neo-Marxisten und der liberalen Interessengruppenforschung aufgenommen wurden. Allerdings ging es den Ersteren mehr darum, die russischen und zentraleuropäischen Revolutionen mit einem mehr oder weniger orthodoxen Klassenkonflikt-Modell zu erklären. Vor diesem Hintergrund ist auch der Versuch des Berliner Historikers Jürgen Kocka zu sehen, der das marxsche Konflikt-Modell nicht als vorgegebene Problemlösung, sondern als Fragestellung auffasste. Für ihn war das Modell ein Idealtypus im Sinne Max Webers, das er dann mit dem historischen Material konfrontierte, um Abweichungen in der tatsächlichen historischen Entwicklung zu erkennen.

Indessen ist Kockas Studie jenseits ihres interessanten methodischen Ansatzes noch aus einem anderen Grunde für den Verlauf der Forschungen zum Ersten Weltkrieg bedeutsam. Sie enthielt zugleich einen Appell, nach der Politik- und Militärgeschichte des Krieges endlich auch dessen Sozialgeschichte zu schreiben. Freilich war sein Buch noch mehr eine Sozialgeschichte, die dem Strukturalismus jener Zeit verpflichtet war. Doch war es genau dieser Ansatz, der bald durch eine Sozialgeschichte herausgefordert wurde, die die Entwicklung des Weltkriegs «von unten» her betrachten wollte.

Das hieß für den Krieg an den Fronten, dass das Interesse an den Entscheidungen des Feldherrn durch das intensive Studium der Erfahrungen und Einstellungen des «einfachen Soldaten» verdrängt wurde. Soweit es die innere Entwicklung der beteiligten Nationen betraf, rückte jetzt nach der «hohen Politik» der Staatsmänner und Bürokratien der Alltag der Durchschnittsbürger in den Mittelpunkt.

Es ist dabei wichtig, dass die Erweiterung einer Historiographie «von oben» durch jene «von unten» weltweit für so gut wie alle Perioden der Geschichte erfolgte. Auch das Aufkommen der Frauengeschichte und später der Geschlechtergeschichte beeinflusste die neuen Richtungen, die die Weltkriegsforschung einschlug. Hatten sich nämlich die Sozialhistoriker zunächst noch auf die Industrie- und Landarbeiter und deren Reaktionen auf den Kriegsverlauf konzentriert, kam jetzt die Frage nach dem Schicksal der Frauen und ihrer Familien hinzu, und zwar im Angesicht des Massensterbens an der Front und der Totalisierung des Konflikts sowohl hinsichtlich ihrer psychischen Lage als Trauernde als auch ihrer materiellen Situation.

Schließlich verband sich diese Art der Alltagsgeschichte noch mit jenen Historikern, die den Weltkrieg als kulturelles Phänomen betrachteten. Es ist kein Zufall, dass die Pionierleistung auf diesem Gebiet von einem Literaturhistoriker, dem Amerikaner Paul Fussell, erbracht wurde. Ihn interessierte die – wie er es nannte – «moderne» Bewältigung des Krieges in der Literatur, die während und nach dem Kriege entstand. Dagegen setzten andere Kulturhistoriker die These einer sehr viel traditionelleren Art der Trauerarbeit, die durch die europäische Durchschnittsbevölkerung geleistet wurde.

Die hier vorgestellten Schwerpunktverschiebungen in der Historiographie über den Ersten Weltkrieg haben unser Wissen über die Jahre 1914–1918 erheblich erweitert und bereichert. Es ist dadurch heute möglich, ein sehr viel farbigeres und facettenreicheres Bild der Zeit zu zeichnen. Es gibt Studien zu Themen, an die vor 40 Jahren niemand dachte. In den nun folgenden Kapiteln wird auf alle diese Ansätze Bezug genommen, beginnend mit der großen Politik und den Entscheidungsträgern sowie deren Verantwortung für den Ausbruch und Verlauf des Weltkrieges. In einem weiteren Kapitel wenden wir uns dann den Entwicklungen an der Front und Heimatfront zu, wie sie von den Bevölkerungen Europas erfahren wurden, ehe schließlich die immer zu beachtende Interaktion zwischen «Führung» und «Bevölkerung» in den revolutionären Umwälzungen von 1917 und 1918 zu schildern sein wird.

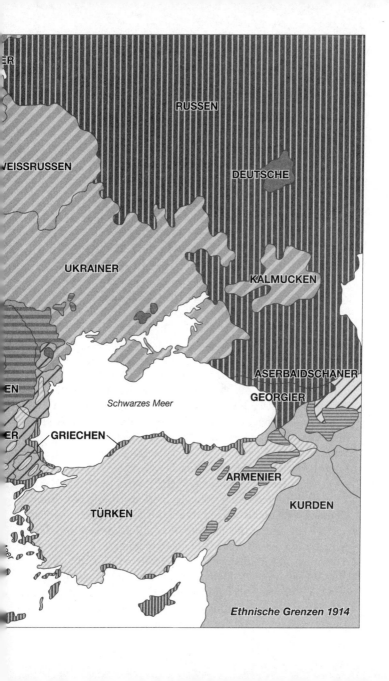

II. Der Ausbruch des Ersten Weltkriegs

1. Die tieferen Ursachen

Wie alle großen historischen Ereignisse ist der Erste Weltkrieg nicht auf eine Ursache zurückzuführen. Die tieferen Gründe liegen vielmehr in einer Reihe von Entwicklungen, und die Wissenschaft ist sich bis heute nicht einig, welchen von diesen dabei das relativ größere Gewicht gegeben werden sollte. Sicherlich wird man diversen externen Faktoren einen hohen Stellenwert einräumen müssen. Darunter stellt sich wiederum das Bündnissystem der europäischen Großmächte und seine langsame Verfestigung in zwei feindliche Blöcke – den Dreibund (Deutschland, Österreich-Ungarn, Italien) – und die Triple Entente (Russland, Frankreich, England) als besonders fatal dar.

Dieses Bündnissystem war Anfang der neunziger Jahre auf den Ruinen der Konzeption von Reichskanzler Otto von Bismarck entstanden, die nicht zuletzt darin bestanden hatte, Russland und Frankreich voneinander fern zu halten und auf diese Weise zu verhindern, dass das Deutsche Reich bei einem Konflikt mit einer der zwei Mächte in einen Zweifrontenkrieg gegen beide zusammengeriet. Indessen hatte sich diese Strategie schon Ende der achtziger Jahre nicht mehr aufrechterhalten lassen, ehe 1890 dann der junge Kaiser Wilhelm II. dem Reichskanzler den Laufpass gab. Hiernach verschlechterten sich die Beziehungen zu Frankreich und Russland weiter. Im August 1892 unterzeichneten Paris und St. Petersburg eine Militärkonvention, der im Januar 1893 ein offizieller Allianzvertrag folgte.

Um die Jahrhundertwende war es dann England, das durch die «Weltpolitik» Wilhelms II. zunehmend beunruhigt wurde und langsam seine bis dahin gepflegte «Splendid Isolation» aufgab. Diese Umorientierung der britischen Außenpolitik brachte eine Annäherung an Frankreich mit sich, die im April 1904 schließlich mit dem Abschluss der Entente Cordiale besiegelt wurde. Drei Jahre später, im August 1907, kam es zwischen St. Petersburg und London zu einer Einigung über ihre seit langem vor allem in Südasien schwelenden Konflikte. Mit der Entstehung der Dreierentente war die Aufteilung Europas in zwei große Bündnisblöcke komplett, die sich dann 1914 im Weltkrieg gegenüberstanden.

Diese Verfestigung wurde begleitet und z. T. vorangetrieben durch ein Wettrüsten, das um die Jahrhundertwende zuerst als ein Seewettrüsten zwischen Deutschland und England begann, ehe es sich ab 1911/12 auf die Vorbereitung der beiden Blöcke auf einen Landkrieg verlagerte.

Das Seewettrüsten war auf eine Entscheidung Wilhelms II. und seines Marinestaatssekretärs Alfred von Tirpitz zurückzuführen, die deutsche «Weltpolitik» durch den Bau einer Schlachtflotte abzustützen. Diese Schlachtflotte sollte – wie wir heute wissen – groß genug sein, um den Engländern nicht nur am Verhandlungstisch koloniale Konzessionen abzutrotzen, sondern auch um im Extremfall der Royal Navy in einer großen Schlacht in der Nordsee militärisch Paroli bieten zu können.

Die zu Recht misstrauischen Briten verwickelten Tirpitz nach der Jahrhundertwende daraufhin in ein Wettrüsten, das der Marinestaatssekretär um 1910/11 verlor. Es fehlte dem Kaiserreich an der finanziellen Kraft, die Royal Navy sowohl in der Zahl als auch in der Größe seiner Schlachtschiffe «überbauen» zu können. Der Fehlschlag der Kaiserlichen Marine brachte die preußisch-deutschen Generäle auf den Plan, die jetzt darauf drängten, dass Deutschland – wenn seine Flotte schon zu schwach war – wenigstens zu Lande auf einen Konflikt mit der Triple Entente vorbereitet sein müsse.

Schließlich ist der Kriegsausbruch 1914 auch mit der imperialistischen Expansion der Europäer nach Asien, Afrika und Lateinamerika in Zusammenhang zu bringen. In den siebziger und achtziger Jahren des 19. Jahrhunderts begannen die Europäer jenen berühmt-berüchtigten «Scramble for Colonies», in dessen Verlauf so gut wie alle von ihnen noch nicht besetzten Teile der Erde unter ihnen aufgeteilt und förmlich in die schon bestehenden überseeischen Besitzungen einverleibt wurden. Die kolonialen Rivalitäten, die zwischen ihnen in Übersee entstanden, wurden schließlich so stark, dass sie auf Europa zurückschlugen und die dort schon schwelenden Konflikte weiter verschärften.

Doch so stark diese Faktoren in einem internationalen System, das nach dem Prinzip eines sozialdarwinistischen Überlebenskampfes organisiert war und dem eine zentrale, den Frieden sichernde Autorität fehlte, auch auf die jeweilige Entwicklung der Großmächte einwirkten, Europas innenpolitische Kräfte und Konflikte sind ebenfalls in Rechnung zu stellen. In dem multinationalen Osmanischen und Habsburger Reich stand die Regierung einerseits unter dem Druck sich zunehmend sammelnder nationaler Minderheiten, die eine größere Autonomie, wenn nicht gar die Unabhängigkeit anstrebten. Gegen sie machten diejenigen Bewegungen mobil, die den Status quo auf jeden Fall erhalten wollten und dabei auf die Vorherrschaft einer ethnischen Gruppe drängten.

In der Sorge um die Erhaltung des Bestehenden griffen vor allem die zentraleuropäischen Monarchien und das Zarenreich immer wieder zu Polizei und Armee und zu Propagandafeldzügen, um die zentrifugalen Tendenzen der ethnischen Minderheiten zu unterdrücken. Außer der Sorge vor einem Zerfall dieser Reiche bestand eine innenpolitische Furcht vor der wachsenden Zahl von Fabrikarbeitern, die im Zuge der Industrialisierung aus der Landwirtschaft in die Städte gewandert waren. Dort bildeten sie ein Proletariat, das ein besseres Leben und eine Teilhabe an der politischen und wirtschaftlichen Macht anstrebte und seine Erwartungen über z. T. große Gewerkschaften und politische Parteien artikulierte. Wo diese Bewegungen nicht durch Konzessionen beschwichtigt und in das bestehende System integriert werden konnten, leisteten sie leicht einer Polarisierung der politischen Konflikte Vorschub. Diese Polarisierung, die sich gerade auch an der Frage der Steuerlastenverteilung und der jeweiligen Nutznießer der in die Gesellschaft rückverteilten Staatseinnahmen manifestierte, verstärkte die Neigung der Regierenden, Innen- und Außenpolitik zu verknüpfen und je nach Interessenlage die eine als Schwungrad der anderen zur Stabilisierung des bestehenden Systems einzusetzen.

Doch wie immer man die tieferen innen- und außenpolitischen Ursachen des Ersten Weltkrieges auch gewichten mag, die Mobilmachung von Millionen von Soldaten, die auf den Schlachtfeldern kämpften und starben, erfolgte aufgrund von Entscheidungen und Befehlen, die nicht von anonymen Kräften, sondern von Menschen formuliert worden waren. Ebenso wenig handelte es sich dabei um Entscheidungen, die von den Bevölkerungsmassen in den verschiedenen europäischen Nationalstaaten oder von größeren, klar identifizierbaren Elitegruppen, wie etwa den Industriellen oder den Bankiers, gewollt und gefällt wurden. Parlamentarier oder Journalisten hatten auch keinen direkten Anteil an den Entscheidungen, die im Ausbruch des Weltkrieges endeten.

Vielmehr fielen die Würfel in einem kleinen Kreis um die beiden gekrönten Häupter der zentraleuropäischen Monarchien in Wien und Berlin. Auch in Russland, Großbritannien und Frankreich war nur eine kleine Gruppe von Verantwortlichen involviert. Indessen reagierten sie in erster Linie auf die Schachzüge, die von Franz Joseph I. und Wilhelm II. mit ihren engsten Beratern entwickelt worden waren. Diese beiden Monarchen hatten nach der Verfassung der beiden Staaten das exklusive Recht, über Krieg und Frieden zu entscheiden, und insofern lag in ihren Alleingängen nichts Illegitimes. Doch in ihren Konsequenzen waren sie welterschütternd. Kurzum, die unmittelbaren Ursachen des Ersten Weltkrieges sind vor allem in Berlin und Wien und weitaus weniger in London, Paris oder St. Petersburg zu suchen.

2. Die Verantwortung der Entscheidungsträger

Angesichts dieser Macht- und Entscheidungskonstellation erhebt sich als Erstes die Frage, wie die beiden Monarchen und ihre Berater in Wien und Berlin die Welt von 1914 sahen und die Zukunft einschätzten.

Betrachtet man verschiedene private Äußerungen und öffentliche Stellungnahmen von Franz Joseph I. und Wilhelm II., so mag es erscheinen, als seien sie besonders aggressiv und auf territoriale Eroberungen erpicht gewesen. Doch hinter dem Säbelrasseln verbargen sich bei beiden eine große Unsicherheit und ein wachsender Pessimismus. Das Habsburger Reich schien angesichts der starken Unabhängigkeitsbestrebungen der Slawen, ob im nördlichen Böhmen und Mähren oder auf dem südöstlichen Balkan, auseinander zu fallen. Seit der Annexion Bosniens im Jahre 1908 hatte sich das Verhältnis Wiens zu Russland, das mehr und mehr die Rolle eines Protektors aller Slawen übernahm, verschlechtert.

Auch für das Deutsche Reich sah es 1914 nicht gut aus. Infolge seiner antibritischen und antifranzösischen Welt- und Rüstungspolitik war Wilhelm II. seit der Jahrhundertwende zunehmend in die Isolierung geraten. Statt sich selber für diese Lage verantwortlich zu machen, wurde diese Isolierung in Berlin als lebensbedrohende «Einkreisung» seitens der Triple Entente verstanden, nachdem sich der Ring um die Zentralmächte 1907 mit der englisch-russischen Verständigung geschlossen hatte. Im Innern hatte der deutsche Kaiser wie der Habsburger zwar auch mit unruhigen Minderheiten zu kämpfen; doch diese Konflikte verblassten gegenüber der wachsenden sozialdemokratischen Arbeiterbewegung, die als fundamentale innenpolitische Bedrohung empfunden wurde.

Wir wissen heute, dass die deutschen Gewerkschaften und die Sozialdemokratische Partei (SPD) eher reformistisch denn revolutionär waren. Doch änderte dies nichts an der subjektiven Furcht der Regierenden vor ihrem Potenzial an der Wahlurne. Immerhin war die SPD bei den Wahlen von 1912 zur stärksten Partei im Reichstag aufgestiegen und verlangte zumindest eine Parlamentarisierung, auf ihrem linken Flügel gar eine noch radikalere Reformierung des politischen Systems. Das aber erforderte einen Verfassungswandel und einen Machtverlust des autokratischen Monarchen, den er und seine erzkonservativen Berater in Friedenszeiten niemals zugestehen würden.

Die Zukunft erschien unter diesen außen- und innenpolitischen Umständen besonders den Militärs sehr düster. In Wien war es der Generalstabschef Franz Conrad von Hötzendorf, der z. B. gegenüber dem Leiter der Operationsabteilung, Oberst Joseph Metzger, am 3. März 1914 meinte, ob man wirklich «warten solle, bis Frankreich und Russland bereit wären, uns gemeinsam anzufallen, oder ob es nicht wünschenswerter wäre, dass der ‹unvermeidliche› Konflikt früher beglichen würde; auch die slawische Frage gestalte sich immer schwieriger und gefährlicher». Eine Woche zuvor hatte der preußisch-deutsche Generalstabschef, Helmuth von Moltke, dem Berliner Auswärtigen Amt eine Denkschrift zugestellt, in der er ebenfalls auf die Bedrohung durch das neuerliche russische Aufrüstungsprogramm zu sprechen kam.

Als sich die beiden Generalstabschefs dann einige Wochen später in Karlsbad trafen, war es ihnen ein Leichtes, sich gegenseitig zu überzeugen, dass die Zeit gegen die Mittelmächte arbeitete. Nach Berlin zurückgekehrt, teilte Moltke dem Staatssekretär im Auswärtigen Amt, Gottlieb von Jagow, seine Überlegungen mit, woraufhin dieser folgende Notiz über die Unterredung anfertigte: «Die Aussichten in die Zukunft bedrückten ihn [Moltke] schwer. In 2 bis 3 Jahren werde Russland seine Rüstungen beendet haben. Die militärische Übermacht unserer Feinde wäre dann so groß, dass er nicht wüsste, wie wir ihrer Herr werden könnten. Jetzt wären wir ihnen noch einigermaßen gewachsen. Es blieb seiner Ansicht nach nichts übrig, als einen Präventivkrieg zu führen, um den Gegner zu schlagen, solange wir den Kampf noch einigermaßen bestehen könnten. Der Generalstabschef stellte mir demgemäß anheim, unsere Politik auf die baldige Herbeiführung eines Krieges einzustellen.»

Sechs Wochen später wurden der österreichisch-ungarische Thronfolger und seine Frau im bosnischen Sarajewo von serbischen Nationalisten ermordet; weitere vier Wochen später zogen Millionen von jungen Männern in den Ersten Weltkrieg, der für viele von ihnen einen oft grauenvollen «Heldentod» brachte. Um den Ablauf jener dramatischen Wochen zwischen dem Attentat in Bosnien und dem Kriegsausbruch voll zu begreifen, müssen vorweg einige grundlegende Faktoren erwähnt werden.

1. Wie in allen schweren Krisen gab es unter den Verantwortlichen auch im Juli 1914 erhebliche Meinungsverschiedenheiten in Fragen der politischen Strategie und Taktik. Selbst wenn es sich damals nur um einen kleinen Kreis von Entscheidungsträgern handelte und der Durchschnittsbürger ebenso wie bestimmte Elitegruppen bei dem Entschluss zum Kampf nicht gefragt oder gar eingeweiht wurden, Einstimmigkeit bestand überall allenfalls, als der Mobilmachungsbefehl unterzeichnet wurde. Bis dahin gab es gerade auch in Berlin und Wien schwere Zusammenstöße zwischen zwei Lagern, zwischen den «Falken» und den «Tauben».

2. Die Entscheidungsträger kannten die Zukunft nicht und konnten daher die Folgen ihrer Entschlüsse nicht voll erkennen. Das förderte eine Neigung, Risiken einzugehen, die sich hernach als viel zu hoch und schließlich gar als Illusionen erwiesen.

3. Die Jahre vor 1914 waren noch nicht die Zeit, in der man wie am Schachbrett verschiedene Optionen als Szenarien vorweg systematisch durchspielte, um mögliche Reaktionen des Gegners auf die eigene Strategie zu prüfen und diese dann entsprechend zu modifizieren. Welche Kalkulationen im Juli 1914 auch immer angestellt wurden, sie waren mehr Spekulationen, die die Möglichkeiten der reagierenden Großmächte durchweg grob unterschätzten.

Vor diesem Hintergrund sind als Erstes die Entscheidungen in Wien zu sehen, wo der durch das Attentat von Sarajewo sehr direkt betroffene Franz Joseph I. saß und von woher die erste Antwort auf die Ereignisse vom 28. Juni zu erwarten war. Denn niemand in Europa erwartete, dass der greise Kaiser die Ermordung des österreichisch-ungarischen Thronfolgers und seiner Frau durch serbische Nationalisten in der bosnischen Hauptstadt Sarajewo einfach hinnehmen würde. Tatsächlich meldete sich Generalstabschef Conrad, der seit längerem auf eine solche Gelegenheit wartete, sofort zu Wort. Er sprach sich für einen harten Kurs gegenüber Serbien aus, das man sofort als den angeblichen Drahtzieher hinter der Verschwörung von Sarajewo ausgemacht hatte. Ihm sekundierte Alexander Krobatin, der Kriegsminister. Hingegen riet der ungarische Ministerpräsident Stefan Graf von Tisza, unterstützt von seinem österreichischen Kollegen Karl Graf Stürgkh, einen kühlen Kopf zu bewahren.

Zwischen diesen beiden Flügeln stand der greise Franz Joseph, der zusammen mit dem österreichisch-ungarischen Außenminister Leopold Graf von Berchtold den Falken mehrmals widersprochen hatte, nicht zuletzt weil er glaubte, dass die Deutschen und Rumänen die Habsburger im Stich lassen würden. Um darüber mehr zu erfahren und sich möglichst fest der deutschen Unterstützung zu versichern, entsandte Franz Joseph I. Alexander Graf von Hoyos mit einem persönlichen Schreiben für Wilhelm II. nach Berlin.

Dort waren die Entscheidungsträger nach dem 28. Juni ebenfalls in zwei Lager zerfallen. Auf der einen Seite standen Moltke und die Generäle, die mit Hilfe einer österreichisch-ungarischen Strafexpedition gegen Serbien einen großen Konflikt auslösen wollten. Wie erwähnt, glaubte Moltke, dass sich das Mächtegleichgewicht ab 1915/16 gegen die zentraleuropäischen Monarchien verschieben würde. Danach sei an einen siegreichen Krieg gegen Russland und seinen Verbündeten Frankreich nicht mehr zu denken. Auch der deutsche Kaiser hatte auf das Attentat von Sarajewo zuerst mit einem «Jetzt oder Nie» reagiert.

Fritz Fischer entwickelte in den sechziger Jahren aus solchen und anderen Äußerungen die These, dass Berlin von Anfang an auf die große Abrechnung in einem Weltkrieg setzte, der zugleich – so der Titel seines berühmten Buches – ein deutscher «Griff nach der Weltmacht» war. Auch Reichskanzler Theobald von Bethmann Hollweg habe in den Tagen Anfang Juli eine solche Strategie vertreten. Alles, was nach der Veröffentlichung von Fischers Buch in neuen Dokumenten über die deutsche Haltung ans Tageslicht gekommen ist, deutet indessen eher darauf hin, dass auch in Berlin eine Spaltung der Meinungen eintrat. Bethmann vertrat im Gegensatz zu Moltke eine gemäßigtere Linie, und weil Franz Joseph I. und Berchtold nicht mehr als eine Strafexpedition gegen Serbien anzuvisieren schienen, überredete er Wilhelm II., Wien seinen «Blankoscheck» nur für eine begrenzte Aktion auf dem Balkan auszustellen.

Zwar besitzen wir keine direkte Stellungnahme des deutschen Kaisers oder ein Protokoll seiner Unterredung mit Hoyos; doch gibt es eine Reihe von Berichten von militärischen Beratern, die den Monarchen kurz nach der Hoyos-Mission sprachen. Ihnen zufolge äußerte Wilhelm II. die Ansicht, dass Österreich-Ungarn zwar nach einem Ultimatum an Belgrad bei dessen Nichterfüllung in Serbien einmarschieren werde; allerdings hielt er «ein Eingreifen Russlands zur Deckung von Serbien nicht für wahrscheinlich, weil der Zar die Königsmörder nicht unterstützen werde und weil Russland zur Zeit militärisch und finanziell völlig kriegsunfertig sei. Gleiches gelte, besonders in finanzieller Beziehung, für Frankreich. Von England hat S[eine] M[ajestät] nicht gesprochen.» Er habe daher «dem Kaiser Franz Joseph sagen lassen, dass er sich auf ihn verlassen könne». Insgesamt glaubte Wilhelm II., «dass sich die Situation in 8 Tagen durch Nachgeben Serbiens klären würde». Seine weitere Bemerkung, dass man auch «für einen anderen Ausgang gerüstet» sein müsse, deutet darauf hin, dass man sich eines Risikos hinsichtlich der Reaktion der anderen Großmächte, voran des Zarenreichs, durchaus bewusst war. Doch zeigt auch das andere einschlägige Material, dass man dieses Risiko für gering genug einschätzte, um es als tragbar zu erachten.

Es sieht also so aus, als habe die «Taube» Bethmann den Kaiser am 5. Juli gegen Moltke auf einen begrenzten Konflikt festgelegt. Moltke blieb nur die Wahl, zuzustimmen und abzuwarten, ob diese Strategie Erfolg haben würde. Dementsprechend ging in Berlin die gesamte erste militärische Garnitur in den Sommerurlaub. Auch der Kaiser trat seine Kreuzfahrt nach Norwegen an, während Bethmann und Jagow von Berlin aus die Entwicklungen in Wien scharf beobachteten.

3. Missmanagement und Fehlkalkulationen in der Julikrise 1914

Indessen zeigte der Hinweis des Kaisers, die Lage auf dem Balkan werde sich innerhalb einer Woche klären, auch, dass der deutsche «Blankoscheck» auf zwei weiteren Kalkulationen beruhte, nämlich, dass sich die Wiener schnell auf den Text ihres Ultimatums einigen würden und bei einer Weigerung Serbiens, die österreichisch-ungarischen Forderungen zu akzeptieren, sofort kriegsbereit wären. Beide Annahmen stellten sich als falsch heraus.

Aus Gründen, die nicht zuletzt auch mit nie gelösten Spannungen zwischen Ungarn und Österreich innerhalb der Doppelmonarchie zusammenhingen, war die Habsburger Armee nicht nur schlecht ausgerüstet, sondern hatte auch nie mehr als 29 % der zur Verfügung stehenden Rekrutenbevölkerung ausgebildet. Und von denen, die 1914 gerade dienten, waren wichtige Einheiten für den Sommer auf Urlaub geschickt worden, um in ihren Heimatregionen bei der Einbringung der Ernte mitzuhelfen. Sie vorzeitig zurückzurufen, hätte die Russen und Franzosen misstrauisch gemacht und die Lokalisierungsstrategie unterminiert, auf die man sich mit Berlin geeinigt hatte.

Die zweite Fehlrechnung, die eine schnelle Aktion gegen Belgrad verhinderte, hing mit der Opposition Tiszas gegen ein unannehmbar hartes Ultimatum zusammen. Seiner Meinung nach sollte Wien den Serben erst eine Liste von Forderungen präsentieren und nur ein Ultimatum stellen, wenn Belgrad eine Erfüllung verweigerte. Er warnte auch vor einer völligen Auflösung Serbiens. Einer Annexion des Landes könne er nie zustimmen, und auch Russland werde eine solche nicht tolerieren. Obwohl seine Kollegen mit diesen Vorschlägen überhaupt nicht übereinstimmten, gingen die Verhandlungen mit Tisza, wie Bethmann ziemlich alarmiert am 17. Juli aus Wien erfuhr, weiter. Erst zwei Tage später verabschiedete der Ministerrat den Entwurf des Ultimatums. Zugleich einigte man sich darauf, es am 23. Juli in Belgrad zu überreichen. Diese erneute Verzögerung war ein weiterer Beweis dafür, wie unsystematisch man Anfang Juli vorgegangen war.

Nach der Überraschung mit dem Ernteurlaub und den Schwierigkeiten mit Tisza gab es noch eine weitere Entdeckung, die bei sorgfältigerer Planung ebenfalls hätte einkalkuliert werden können: Man hatte nicht bedacht, dass der französische

Präsident Raymond Poincaré vom 20.–22. Juli zu einem lange angekündigten Staatsbesuch in St. Petersburg sein würde. Wurde das Ultimatum vor seiner Rückkehr publik, war damit zu rechnen, dass die beiden Bündnispartner ihre Reaktion auf höchster Ebene gleich persönlich würden absprechen können. Um dies zu verhindern, wartete man in Wien mit der Übergabe, bis Poincaré nach Ende seines Staatsbesuchs am 22. Juli wieder in See gestochen war.

Hätte man das russisch-französische Treffen rechtzeitig in das Kalkül einbezogen, wäre noch ein weiteres Problem sofort deutlich geworden: Wien und Berlin waren so auf St. Petersburg als den Protektor der Serben fixiert, dass man die französische Reaktion auf ein Eingreifen Russlands noch weniger durchdachte. Man nahm nur an, dass Paris ebenfalls nicht kriegsbereit sei und auf eine Begrenzung der Krise auf dem Balkan hinarbeiten würde. Mochte man das Risiko eines russischen Eingreifens auch erkennen, in Berlin übersah man, dass Russland und Frankreich als Bündnispartner auch durch die moltkeschen Operationspläne untrennbar miteinander verbunden worden waren: Schon Jahre zuvor hatte der Generalstabschef einen bis dahin bestehenden deutschen Aufmarschplan gegen Russland allein zu den Akten gelegt.

Stattdessen hatte er einen von seinem Vorgänger, Alfred Graf von Schlieffen, entworfenen Plan weiterentwickelt, der selbst bei einer Kriegsgefahr im Osten den Angriff auf Frankreich vorsah. Mit anderen Worten, im Falle eines Konflikts mit dem Zarenreich sollte als Erstes dessen Bündnispartner angegriffen werden. Nach einem erwarteten schnellen Sieg im Westen sollten die deutschen Truppen dann nach Osten geworfen werden, um dort in einer zweiten Riesenoperation die Russen zu besiegen. Das Kalkül dabei war, dass die langsame Mobilisierung der russischen «Dampfwalze» im Osten den Deutschen eine derartige Zwei-Phasen-Operation ermöglichen würde.

Dem Generalstab war nicht verborgen geblieben, dass eine solche Zwei-Phasen-Operation große Risiken in sich barg. Was würde geschehen, wenn dem Angriff auf Frankreich der schnelle Erfolg versagt bliebe? Um diesen abzusichern, hatte schon

Schlieffen eine große Umfassungsoperation durch Belgien vorgesehen. Der Angriff auf Frankreich sollte über Belgien vorgetragen werden. Nach der kurzfristigen Besiegung des kleinen Landes sollten dann die deutschen Armeen von Norden her bei relativ flachem und im Gegensatz zu Französisch-Lothringen im Osten unbefestigtem Terrain direkt auf Paris vorstoßen.

Diese Strategie musste aber die Briten auf den Plan rufen, die 1832 den Fortbestand eines neutralen Belgiens garantiert hatten. Auch die Möglichkeit dieser durch den Schlieffen-Plan ausgelösten Kettenreaktion hatte man Anfang Juli in Berlin nicht richtig bedacht. Wie einer der militärischen Berater des Kaisers am 6. Juli, dem Tage nach der Hoyos-Mission, berichtete, hatte der Monarch von England überhaupt nicht gesprochen. Auch Moltke scheint eine mögliche Intervention Großbritanniens bei den diversen Verfeinerungen seines Westaufmarschplans nicht ernst genommen zu haben. Die Kaiserliche Marine, die sich bei einem Weltkrieg um die Stärke der Royal Navy Sorgen machen musste, war nicht so unbekümmert. Ihre Sorgen erhöhten sich, als England Mitte Juli in den Gewässern um die britischen Inseln eine Probemobilmachungsübung durchführte, die mit einer Flottenparade vor Spithead endete.

Diese unterschiedlichen Einschätzungen des möglichen Verhaltens der Engländer traten noch am 20. Juli in einem Gespräch des Konteradmirals Paul Behncke mit Jagow hervor. Ersterer meinte bei dieser Gelegenheit, «England würde mit den andern gegen uns losschlagen. Das sei auch vom rein militärischen Standpunkt die an sich richtige Handlungsweise.» Ohne die belgische Frage zu erwähnen, äußerte Jagow die Ansicht, «dass England zunächst abwarten und sein Verhalten vom Gang der Dinge abhängig machen würde». Offenbar in der Absicht, die Briten darin zu bestärken, dachte er des Weiteren daran, London gegenüber «die Drohung auszusprechen, wir würden Holland besetzen, wenn England sich gegen uns erklärte». So hinterlässt auch dieses Dokument den Eindruck, dass die ursprüngliche Lokalisierungsstrategie 14 Tage später auf viele unvorhergesehene Untiefen gestoßen und die Entwicklung den Diplomaten um Bethmann aus dem Ruder gelaufen war.

Das zeigte sich in aller Deutlichkeit spätestens bald nach der Übergabe des Wiener Ultimatums in Belgrad. Schon am 25. Juli wurde klar, dass Russland eine Zerstörung Serbiens nicht zulassen würde. Besonders Außenminister Sergei Sasonow drängte auf eine klare Antwort, während der Zar die Versicherung seiner Generäle, die Armee sei kriegsbreit, bis auf weiteres mit der Hoffnung verband, dass sich eine friedliche Lösung der Krise finden werde. Deren Ausweitung auf die Großmächte wurde indessen zur Gewissheit, als Österreich-Ungarn am 28. Juli den Angriff auf Serbien unter dem Vorwand einleitete, dass Belgrad das Ultimatum nicht erfüllt habe. Inzwischen waren zusammen mit Wilhelm II. auch Moltke und die anderen militärischen Berater aus dem Urlaub zurückgekehrt. Sie stellten sofort fest, dass Bethmanns Plan vom 5. Juli fehlgeschlagen war. Seither drängten sie auf jene «große» Lösung des Konflikts – die Abrechnung mit Russland und Frankreich –, die sie schon vor dem Attentat für unvermeidlich erachtet und am 5. Juli nur zögerlich auf Eis gelegt hatten.

Zwar bemühte sich Bethmann noch verzweifelt, einen Weltkrieg, der jetzt bevorstand, durch diplomatische Manöver zu verhindern. Aber selbst wenn seine diesbezüglichen Initiativen wirklich ernst gemeint waren, er war infolge des Versagens seines eigenen Rezepts im Kreise der Entscheidungsträger um Wilhelm II. zu geschwächt, um mit seiner Stimme noch viel Gewicht zu haben. Stattdessen sah er es jetzt als seine Aufgabe an, wenigstens dafür zu sorgen, dass die deutsche Bevölkerung hinter den Entscheidungen des Monarchen stand. Das war deshalb nicht sicher, weil nach der Übergabe des Ultimatums nicht nur im Westen, sondern auch in Deutschland der Eindruck entstanden war, als säßen die eigentlichen Kriegstreiber in Wien. Folglich kam es in diversen deutschen Städten zu Friedensdemonstrationen gegen die Habsburger, an denen sich die örtlichen Arbeiterbewegungen beteiligten.

Über diese Proteste mit Recht besorgt, begann die Reichsleitung unter Bethmann und dem Staatssekretär des Innern Clemens von Delbrück Gespräche mit den Führern des rechten Flügels der SPD, denen sie unter Verschleierung der tatsächlichen Entwicklungen ein düsteres Bild von einem bevorstehenden Angriff Russlands auf das unschuldige Deutschland malten. Delbrück wusste, dass die deutsche Arbeiterschaft nicht für einen deutschen Aggressionskrieg, wohl aber für einen patriotischen Verteidigungskampf gegen die zaristische Autokratie mobilisiert werden konnte. Dementsprechend wurde in den letzten Julitagen in Berlin nichts wichtiger, als den Russen bei der Veröffentlichung der Mobilmachungsorder den Vortritt zu lassen. Als diese Order schließlich kam und der Zar ein deutsches Ultimatum vom 31. Juli, seinen Befehl binnen 24 Stunden zurückzunehmen, nicht beantwortete, unterzeichnete Wilhelm II. am Nachmittag des 1. August in einer dramatischen und tränenerfüllten Szene die deutsche Mobilmachung. Infolge dieser Sequenz erschien es dem deutschen Durchschnittsbürger, als seien die Russen die Angreifer. Doch wie der besser informierte Marinekabinettschef Georg Alexander von Müller an jenem Tage seinem Tagebuch anvertraute: «Stimmung glänzend. Die Regierung hat eine glückliche Hand gehabt, uns als die Angegriffenen hinzustellen.»

Moltkes Armeen setzten sich zum Angriff auf Frankreich und Belgien in Bewegung. Am 4. August trat England in den Krieg ein. Der Weltkrieg und das große Sterben hatten begonnen.

III. Der Erste Weltkrieg ‹von oben›: Strategie, Diplomatie und ihre Ziele

War der Weltkrieg von einem kleinen Kreis von Entscheidungsträgern ausgelöst worden, die hauptsächlich in Berlin und Wien saßen und nach dem Missmanagement der Sarajewo-Krise die Flucht nach vorn in den Konflikt mit den anderen Großmächten antraten, wird in diesem Kapitel die Perspektive der Verantwortlichen an der Spitze der kriegführenden Nationen beibehalten, allerdings erweitert auf diverse Eliten und Organisationen – Bürokratien, Parteien, landwirtschaftliche und industrielle Unternehmer, Gewerkschaften –, die in die Entscheidungsprozesse eingeschlossen wurden. Erst im nächsten Kapitel werden wir uns dann der Frage zuwenden, wie der Konflikt «von unten» wahrgenommen wurde, d. h., wie die Soldaten an der Front und die in der Heimat Zurückgebliebenen ihn erlebten.

I. Die Generäle

Jeder Krieg lädt eine besonders große Verantwortung auf die Schultern der militärischen Führer. An ihren Entscheidungen hängt das Leben von zahllosen Soldaten. Ihre strategischen und taktischen Schachzüge bestimmen maßgeblich den Ausgang einer Schlacht oder des Konflikts insgesamt. Es geht um glanzvollen Sieg oder schmähliche Niederlage.

Indessen stellte dieser Krieg, der im Zeitalter der Massenmobilisierung und der industrialisierten Kriegführung zunehmend totaler wurde, die Generäle und Feldmarschälle vor Probleme und Zwangslagen, die jenseits ihres Erfahrungshorizonts lagen und denen sie häufig eigentlich kaum gewachsen waren. Viele Situationen, in denen sie sich nach Kriegsbeginn befanden, waren ohne Vorbild, und es war fast unvermeidlich, dass schwere Fehler und Fehleinschätzungen eintraten. Einige Militärs ahnten schon vor 1914, dass Kriege unter Großmächten im 20. Jahrhundert gar nicht mehr zu gewinnen waren. Der ältere Helmuth von Moltke, der als Generalstabschef die deutschen Armeen siegreich gegen Frankreichs Napoleon III. geführt hatte, hatte im hohen Alter aus seinen Einsichten die Konsequenz gezogen, dass die Friedenserhaltung die größte Aufgabe der Verantwortlichen in Europa war. Ein zukünftiger «Volkskrieg» unter den Großmächten war seiner Ansicht nach nicht mehr denkbar.

Unterdessen blieb die ganze Ausbildung der Offizierkorps auf die Vorbereitung und Führung eines ebensolchen Krieges gerichtet. Sollte diese Ausbildung nicht zu einem Absurdum werden, gab es nur einen Ausweg aus dem Dilemma: Kriege konnten nur Blitzkriege sein. Sie mussten schnell und unter Einsatz aller Mittel und Kräfte gewonnen werden. Gelang der entscheidende Durchbruch nicht sehr früh und begann ein Ermattungskrieg, war alles verloren. Selbst der Sieger würde aus dem Konflikt am Ende als Verlierer hervorgehen.

Aus diesem Grunde wurde der Blitzkrieg – wie ein Hammerschlag vorgetragen – für alle Generalstäbe zur Doktrin, die Moltkes Friedensbewahrungskonzept nicht akzeptieren mochten. Mit diesem Hammerschlag sollte der Feind nicht nur militärisch vernichtet, sondern auch wirtschaftlich so geschwächt werden, dass die Vorherrschaft des Siegers auch auf längere Sicht gesichert war. Die Franzosen sprachen von der «attaque brusque»; die Deutschen wollten Frankreich in wenigen Wochen schlagen, bevor sie einen zweiten Blitzkrieg im Osten gegen Russland führten. Die Habsburger verfolgten dasselbe Konzept auf dem Balkan, und auch in England war man überzeugt, dass nur ein energisch und kraftvoll vorgetragener Angriff den militärischen Erfolg bringen könnte. So lebten Europas Generäle unter der «Illusion des kurzen Krieges», wie der amerikanische Historiker Lance Farrar es genannt hat, mochte ihnen auch dunkel schwanen, dass ihr Konzept im 20. Jahrhundert durch moderne Technologie – voran das Maschinengewehr (MG) und den Flammenwerfer – und die Massenmobilisierung überholt war.

Gerade an der Anwendung dieser beiden Waffen lässt sich

zeigen, wie stark der Verteidiger durch deren Erfindung militärisch begünstigt wurde. Hielt der französische General Ferdinand Foch das MG vor 1914 noch für eine ideale Angriffswaffe, lehrte die Erfahrung an der Westfront schnell das Gegenteil. Mit einigen MGs ließ sich so gut wie jeder Sturmangriff des Feindes abwehren.

Ein weiteres Beispiel: Obwohl der deutsche Angriff auf Belgien 1914 auf eine schnelle Kapitulation des kleinen Königreichs angelegt war und durch große Brutalitiät beschleunigt werden sollte, konnten sich die Angegriffenen schon bei Lüttich erfolgreicher als von Moltke angenommen verteidigen. Derweil blieb der nach Plan 17 durch Lothringen vorgetragene Gegenangriff auf das Elsass mit dem Ziel, Südwestdeutschland zu bedrohen, vollends stecken. Die französischen Truppen wurden nach massiven Verlusten von General Joseph Joffre am 25. August 1914 zurückgenommen. Die Truppen wurden Hals über Kopf zur Verteidigung von Paris eingesetzt, als die Deutschen Ende August von Norden her auf die Hauptstadt vorzudringen begannen.

Dort erfüllten diese Truppen in den folgenden Wochen dann einen für Moltkes Strategie fatalen Zweck. Am 29. August begann die erste Schlacht bei Guise östlich von St. Quentin. Vier Tage später erreichen deutsche Truppen die Marne, und die französische Regierung verlässt Paris, um in Bordeaux Quartier zu beziehen. Die Marne-Schlacht wurde am 4. September eröffnet. Doch dann geschah (aus französischer Sicht) das «Wunder an der Marne»: Nachdem Moltke bereits Truppen an die Ostfront hatte schicken müssen, wo die Russen schneller als erwartet gefechtsbereit waren und deutsches und österreichungarisches Gebiet bedrohten, schien ihm die Ansammlung französischer Streitkräfte nördlich von Paris so groß zu sein, dass er den überdehnten Vormarsch mit den durch den starken belgischen Widerstand erschöpften deutschen Truppen stoppte und die Armee in ein günstigeres Terrain an der Aisne zurücknahm.

Mit diesem Entschluss war der deutsche Blitzkrieg im Westen gescheitert. Zwar konnte der französische Gegenangriff an der

Aisne abgewehrt werden, und auch der alliierte Versuch, die deutschen Stellungen weiter nördlich von Westen her zu umgehen, scheiterte. Am 18. Oktober unternahmen die Deutschen einen letzten Vorstoß gegen die British Expeditionary Force im Norden bei Ypern, der ebenfalls keinen Durchbruch brachte. Auf deutscher Seite fielen Tausende von Studenten-Freiwilligen. Die Gesamtzahl der Toten und Verletzten belief sich in den ersten zwei Monaten auf beiden Seiten auf 3,5 Millionen. Hernach begann ein Stellungskrieg, der zwar immer noch auf eine Vernichtung des Gegners ausgerichtet war, aber mit einem Sieg allenfalls noch durch eine totale Erschöpfung des Gegners rechnete.

Diese Ermattungsstrategie barg jedoch die Gefahr der Selbsterschöpfung in sich, sofern sich der Kampf über Jahre hinweg fortsetzte. Aus diesem Dilemma erklärt sich, warum die Führer aller Armeen im Westen immer wieder durch Großangriffe in verschiedenen Frontabschnitten versuchten, doch noch einen entscheidenden Durchbruch zu erzielen. Mit ihrer Hilfe sollte der Feind dann ganz zurückgerollt und zur Kapitulation gezwungen werden.

Die Schlacht an der Somme im Sommer 1916 ist das vielleicht eindrücklichste Beispiel für diese Art der Kriegführung, auf die wir weiter unten aus der Perspektive des einfachen Soldaten zurückkommen werden. Hier gilt es das eiskalte Kalkül zu betonen, mit dem ein Brite, General Sir Douglas Haig, bereit war, Hunderttausende in den Tod zu schicken. Diese Schlacht dokumentierte einen Starrsinn und eine Erbarmungslosigkeit, die bei den Heerführern aller Nationen zu beobachten war. Auch als Haig die verlustreiche Schlacht bei Loos befahl, bewies er eine stählerne Härte. Gewiss waren die Nerven aller während einer Schlacht aufs Äußerste angespannt, und einige von ihnen, wie z. B. Moltke und später Erich Ludendorff, erlitten zeitweilig Nervenzusammenbrüche.

Doch erwies sich ein übergroßes Selbstvertrauen oft als ihre größte Schwäche, und soweit bekannt, hatten sie nachher bei der Erinnerung an das von ihnen mitverantwortete Massensterben keine schlaflosen Nächte und lasteten das Versagen lieber anderen an. Folglich unterdrückten sie auch rigoros die wiederholt aufflackernden Proteste gegen das regelrechte «Verheizen» von jungen Männern an der Front, die in Frankreich im Frühjahr 1917 gar in Meutereien gipfelten. Kurzum, 1918 waren in Anbetracht der vielen Fehlkalkulationen ihrer Führer die Mannschaften auf beiden Seiten an sich reif zur Kapitulation. Es war die Ankunft frischer amerikanischer Truppen an der Westfront, die die letzte und verzweifelte Frühjahrsoffensive der Deutschen zu stoppen half und dann das Blatt gegen die Deutschen wendete.

Ein weiteres eklatantes Beispiel für schlechte Planung und Führung, diesmal auf alliierter Seite, bietet der Verlauf der Schlacht an den Dardanellen im Frühjahr 1915 gegen die Türken. Diese Operation, die u. a. die Karriere des jungen Winston Churchill in England beendete, war teils zur Entlastung der Zarenarmee gedacht, nachdem diese im Kaukasus gegen die türkischen Truppen in Bedrängnis geraten war; teils als Versuch, die Pattsituation an der Westfront von Südosten her aufzubrechen. Mit diesen Hoffnungen hatten die Engländer und Franzosen bis März 1915 starke Marineverbände und fast 500 000 Mann für eine Landung auf der Halbinsel von Gallipoli zusammengezogen. Der Versuch britischer und französischer Schlachtschiffe, die Öffnung der engen Wasserstraße zum Schwarzen Meer hin zu erzwingen, schlug schon Mitte März in den türkischen Minenfeldern fehl, in denen mehrere Schiffe entweder sanken oder manövrierunfähig wurden.

Derweil trafen die gelandeten alliierten Truppen direkt an der Küste auf den hartnäckigen Widerstand der Verteidiger. Besonders blutig ging es dann an der so genannten «Anzac Cove» zu, wo auch australische und neuseeländische Truppen eingesetzt worden waren.

Die Alliierten konnten dort zwar einen kleinen Brückenkopf errichten; aber die Türken stoppten ihren weiteren Vormarsch, ehe sie zum Gegenangriff übergingen, der die Evakuierung der alliierten Truppen erzwang. Die sich an die Steilküste verkrallenden Soldaten gaben ein entmutigendes Bild ab. Bei den Australiern und Neuseeländern allein gab es 34 000 Tote. Die

Türken verloren 250 000 Mann, hatten freilich die Genugtuung eines großen Sieges. Fragt man nach den Gründen für die alliierte Niederlage, so wird man außer dem Verteidigungswillen der türkischen Truppen vor allem auch die Inkompetenz der Kommandeure nennen müssen, die die Operationen ungenügend miteinander koordiniert und ihre Männer falsch ausgerüstet hatten.

Während die Gallipoli-Schlacht die Zivilbevölkerung nur wenig in Mitleidenschaft zog, war eine Folge der Sicherung der türkischen Stellung im Nahen Osten der von der Führung befohlene Massenmord an den Armeniern. An dieser Untat zeigt sich besonders drastisch, wie sehr mit der Totalisierung des Weltkrieges die herkömmliche Unterscheidung zwischen Front und Heimatfront schon 1915 zusammenbrach. In diesem Falle scheint es sogar möglich zu sein, eine direkte Verbindung zwischen den beiden Fronten zu ziehen.

Schon in den 1890er Jahren war es in Anatolien, wo die christlichen Armenier, wie auch im benachbarten Russland, ansässig waren, zu blutigen Ausschreitungen gegen diese Minderheit gekommen, die z. T. von muslimischen Geistlichen angezettelt worden waren. Die ethnischen Spannungen setzten sich bis in die letzten Vorkriegsjahre fort. Folgt man den Berichten, die deutsche Diplomaten bald nach dem türkischen Kriegseintritt über den Verbündeten nach Berlin sandten, so kam es schon früh zu Überlegungen der Regierung, den Krieg zugleich zur Lösung der armenischen Frage zu benutzen. Aus diesem Grunde ist es kein Zufall, dass die erneuten Verfolgungen und Ermordungen der Armenier im Frühjahr 1915 begannen. Allerdings kam als unmittelbarer Auslöser offenbar noch das Gefühl der Regierung hinzu, von Feinden eingekreist zu sein. Im Westen begann damals die Invasion der Dardanellen, während sich im Nordosten die auf der russischen Seite lebenden Armenier der Zarenarmee angeschlossen hatten und die Türken in Anatolien bedrohten.

So begannen gleichzeitig mit der Verteidigung der Gallipoli-Halbinsel im Innern des Osmanischen Reiches zunächst die Verhaftungen der armenischen Führer, die sich schnell zu einem

Völkermord ausweiteten. Von der Armee organisiert, wurden Männer, Frauen und Kinder aus ihren Dörfern und Städten in die südöstlichen Wüsten von Mesopotamien getrieben. Dabei kamen mindestens 500000 von ihnen infolge von Krankheit und der harten klimatischen Bedingungen um. Die Vertreibungen wurden von immer brutaleren Massakern begleitet. Frauen wurden vor ihrer Ermordung vergewaltigt. Unter den Überlebenden verbreitete sich ein unbeschreibliches Elend. Einige konnten sich retten, indem sie zum Islam konvertierten. Doch die meisten der ca. 1,5 Millionen Opfer gingen bei den Gewaltsamkeiten oder in Lagern an Hunger und Krankheit zugrunde.

Bei der Schilderung all dieser deprimierenden Entwicklungen im Westen und im Osmanischen Reich darf man freilich nicht übersehen, dass der Konflikt im Osten von den Generälen ebenso verlustreich und rücksichtslos geführt wurde, obwohl der Kampf dort mehr ein Bewegungskrieg blieb. Was hier besonders auf russischer und österreichisch-ungarischer Seite die Verluste noch erhöhte, war nicht nur der bedenkenlose Einsatz, sondern auch eine z. T. noch unglaublichere Inkompetenz und ein durch widersprüchliche Befehle verursachtes buchstäbliches Chaos. Dadurch kam es hier wiederholt zu militärischen Katastrophen, in denen Hunderttausende von oft gänzlich unerfahrenen Rekruten ihr Leben ließen oder mit schweren Verletzungen und mit langer Kriegsgefangenschaft unter schwierigen Umständen bezahlen mussten.

Als Katastrophe erwies sich auch, dass der Bewegungskrieg weitaus größere Zahlen von Zivilisten – Frauen, Kindern und Alten – in den Konflikt hineinzog als im Westen. In Frankreich waren 1914 die Bewohner der Frontabschnitte zur Flucht gezwungen worden. Ansonsten aber blieb die Zivilbevölkerung an ihren vertrauten Wohnorten ansässig und wurde in ihrer Existenz nur durch die wachsenden materiellen Belastungen des Krieges betroffen. Anders erging es den Dorf- und Stadtbewohnern im weiten Kampfgebiet im Osten, vor allem dort, wo die Fronten mehrmals vorgeschoben und wieder zurückgenommen werden mussten. Allein durch mehrfache Requirierungen der jeweils durchziehenden Truppen wurde vielen Zivilisten Hab und Gut genommen und ihr Überleben gefährdet. Hunger war eine der ernstesten Folgen einer Kriegführung, die die Truppen aus dem Lande verpflegte. Die Requirierungen wurden von den Offizieren entweder toleriert oder gar angeordnet. Letztlich war auch im Osten diese Art der Kriegführung so erfolglos, dass die Generäle ebenso wie im Westen mit ihrem Latein am Ende waren. Ja, ihr Versagen hier war so groß, dass Russland schon 1917 zusammenbrach und Österreich-Ungarn de facto lange vor dem Herbst 1918 vor dem Ruin stand.

2. Neutralität und Bündnispolitik

Der Fehlschlag des Blitzkrieges, den die beiden zentraleuropäischen Monarchien 1914 vom Zaun gebrochen hatten und eigentlich bis Weihnachten gewinnen wollten, sowie das manifeste Unvermögen beider Seiten, in den Jahren darauf bis 1918 einen kriegsentscheidenden Durchbruch zu erzielen, verstärkte nicht nur die Brutalität im Denken und Handeln der Generäle. Je länger das Patt andauerte und die Entscheidungsträger in den Hauptstädten und Hauptquartieren frustrierte, desto stärker erfasste ein Geist der Härte auch andere Elitegruppen. In der Erkenntnis, dass die Kosten des Krieges mehr und mehr ins Astronomische stiegen, fanden vor allem in der zweiten Kriegshälfte immer exorbitantere Kriegszielforderungen in Kreisen der hohen Politik und der Wirtschaft Unterstützung.

Doch vor einer Schilderung dieser Entwicklungen sind zwei andere Aspekte des Krieges «von oben» zu behandeln, die später von der Kriegszieldiskussion mehr und mehr verdrängt wurden. Beide berührten die Diplomatie, die mit dem Kriegsausbruch natürlich nicht zum Erliegen gekommen war. Da waren als Erstes und gerade in der frühen Konfliktphase die Bemühungen, neutrale Staaten in das eigene Lager zu ziehen. Im Verlauf dieser Bemühungen kam es zu intensiven diplomatischen Verhandlungen. Früh schon standen das Osmanische Reich, Italien, Bulgarien, Rumänien und Griechenland unter dem Druck, sich für die eine oder die andere Seite zu entscheiden.

Bei den Türken waren keine größeren Überredungskünste erforderlich, um sie ins Lager der Mittelmächte zu holen, nachdem Enver Pascha am 18. Juli 1914 in Paris vergeblich über eine Anleihe für das marode Osmanische Reich verhandelt hatte. Als die Engländer am 1. August dann auch noch zwei kurz vor dem Stapellauf stehende türkische Schlachtschiffe beschlagnahmten, dauerte es nicht mehr lange, bis Konstantinopel sich auf die Seite Berlins schlug. Am 1. Oktober riegelte es den Bosporus für alliierte Schiffe ab. Vier Wochen später beschoss ein von Deutschland erworbenes Schlachtschiff das russische Odessa, woraufhin Petrograd (das alte St. Petersburg, bei Kriegsbeginn umbenannt) der Türkei den Krieg erklärte und dieses wiederum kurz darauf einen Jihad gegen Frankreich und Großbritannien verkündete.

Bulgarien verhandelte lange mit den beiden verfeindeten Bündnisblöcken, ehe das Land sich im Oktober 1915 dem Zweibund anschloss und dann bis zum Ende des Jahres mithalf, Serbien ganz zu erobern. In ihren Verhandlungen mit Rumänien machten die Alliierten eine Reihe von territorialen Versprechungen, die nach vielem Hin und Her im August 1915 schließlich in einem Geheimvertrag mit London, Paris und Petrograd endeten. Kurz darauf übersandten die Rumänen der Habsburger Monarchie ihre Kriegserklärung, auf die die Deutschen, Bulgaren und Türken ihrerseits mit der Eröffnung von Feindseligkeiten antworteten. Im Dezember 1915 eroberten sie Bukarest.

Die größte Sensation des Jahres 1915 war indessen das Verhalten Italiens. Seit 1882 dem Zweibund in einer Allianz verbunden, erklärte Rom am 3. August 1914 die Neutralität des Landes. Berlin und Wien waren düpiert. Seitdem bemühten sich beide Seiten, die Italiener durch territoriale Zugeständnisse zu gewinnen. Berlin kam es in erster Linie darauf an, Italien neutral zu halten. Die Alliierten hofften derweil auf Rom als Bündnispartner. Diese Hoffnung erfüllte sich im April 1915, als Italien einen Geheimpakt unterzeichnete, in dem seine territorialen Forderungen großzügig erfüllt wurden. Vier Wochen später erklärte Rom den Habsburgern den Krieg.

Das größte Objekt der Diplomatie, dessen Gewinn durch

die Alliierten schließlich kriegsentscheidend wurde, stellten freilich die Vereinigten Staaten dar. Obwohl die deutschsprachigen Amerikaner zahlenmäßig die größte Einwanderungsgruppe waren und viele kulturelle Verbindungen bestanden, erklärte U.S.-Präsident Woodrow Wilson im August 1914, dass das Land neutral bleiben werde. Seitdem bemühten sich die Engländer, Washington ins alliierte Lager zu ziehen, während die deutsche Diplomatie weiterhin auf die Neutralität baute. Das war angesichts der deutschen Seekriegführung nicht einfach.

Schon im Frühjahr 1915 kam es zu erheblichen Spannungen, nachdem die «Lusitania», ein britischer Dampfer, am 7. Mai von einem deutschen U-Boot versenkt worden war. Dabei kamen von den fast 1200 Passagieren auch 124 Amerikaner ums Leben. Amerikanische Proteste, die Deutschen müssten das Völkerrecht beachten, wurden von Bethmann erst ernst genommen, nachdem im März und Mai 1916 bei Versenkungen weitere amerikanische Zivilisten ertrunken waren. Als Wilson mit dem Abbruch der diplomatischen Beziehungen drohte, schraubte die Reichsleitung den U-Boot-Krieg auf das völkerrechtlich Zulässige zurück. Bei diesem Rückzug scheint zumindest Bethmann daran gedacht zu haben, die Amerikaner als Friedensvermittler einzusetzen. Das war eine Rolle, in der sich Wilson wiederholt auch selbst sah.

So jedenfalls ist zu erklären, dass der deutsche Reichskanzler am 3. Januar 1917 ein geheimes Vermittlungsangebot der Amerikaner annahm. Drei Wochen später signalisierten die Engländer Wilson ihre Gesprächsbereitschaft. Dieser Initiative, die auch ein Zeichen wachsender Kriegsmüdigkeit war, folgte im Frühjahr ein geheimes Verhandlungsangebot Wiens an Großbritannien. Doch alle diese Friedensfühler wurden durch die Wiederaufnahme des uneingeschränkten U-Boot-Krieges seitens der Kaiserlichen Marine zunichte gemacht, auf den die Verfechter einer harten Seekriegführung gegen England seit dem Sommer 1916 drängten. Als er am 1. Februar 1917 begann, brach Washington noch im gleichen Monat die diplomatischen Beziehungen zu Berlin ab. Ein entscheidender Schritt für den amerikanischen Kriegseintritt auf Seiten der Alliierten war getan.

Die Durchsetzung des uneingeschränkten U-Boot-Krieges spiegelte zum einen die Totalisierung des Krieges auf den Ozeanen der Welt. Schon lange vor 1914 hatte sich auch in den Kriegsmarinen der europäischen Großmächte der Gedanke einer schnellen Vernichtungsschlacht durchgesetzt, in der Flotten von großen Schlachtschiffen auf Gedeih und Verderb mit einem Sieg das Mächtegleichgewicht zur See gewissermaßen an einem Nachmittag dramatisch verschieben würden. Allerdings kam es wegen der bleibenden Unterlegenheit der Flotten der Zentralmächte im Ersten Weltkrieg nur einmal ansatzweise zu einer derartigen Schlacht, als die Kaiserliche Marine am 31. Mai 1916 im Skagerrak auf die Royal Navy stieß. Dabei erwies sich die britische strategische Überlegenheit sehr schnell, und die Deutschen mussten den Kampf mit einer kühnen Gefechtskehrtwendung abbrechen. Seitdem saß die Schlachtflotte erneut weitgehend tatenlos in Wilhelmshaven. Der kostspielige Bau der wilhelminischen Marine, der so viel zu einer Verschlechterung der internationalen Beziehungen vor 1914 beigetragen hatte, erwies sich als eine riesige Fehlkalkulation.

Stattdessen erschien das viel billigere U-Boot plötzlich als eine scharfe Waffe gegen die britische Handelsschifffahrt. Nach dem Moratorium von 1916 und heftigen Kämpfen mit ihren Kollegen in der Obersten Heeresleitung (OHL) konnten sich schließlich die Vertreter einer Kriegführung durchsetzen, die erneut das Leben von unschuldigen Passagieren und Staatsbürgern neutraler Länder auf Spiel setzten, weil sie glaubten, durch die wahllose und warnungslose Torpedierung von Handelsschiffen die Briten auf die Knie zwingen zu können. Die Versenkungsziffern der ersten Monate schienen die Berechnungen des Admiralstabes zu bestätigen. Allein im April 1917 verloren die Alliierten Schiffsraum von fast 900 000 Bruttoregistertonnen. England kapitulierte jedoch nicht, sondern ergriff Gegenmaßnahmen. Man führte das Konvoi-System ein, bei dem Kriegsschiffe einen Pulk von Frachtern im Atlantik begleiteten. Jetzt wurden die deutschen U-Boote zu den Gejagten. Zudem wurde in England selbst Brach- und Weideland für den Getreideanbau nutzbar gemacht. Die deutsche Kalkulation, die Briten aushungern zu können, erwies sich als falsch.

Noch enttäuschender waren für die Deutschen die diplomatischen Folgen ihres rücksichtslosen U-Boot-Kriegs. Die öffentliche Meinung in den USA wandte sich angesichts des Todes von unschuldigen Zivilisten immer mehr gegen Deutschland. Ein Zeichen dafür, dass das Fass bald überlaufen könnte, gab Wilson, als ihm der Kongress am 1. März 1917 die Bewaffnung amerikanischer Handelsschiffe bewilligte. Die Abstimmung erfolgte unmittelbar nach einem weiteren Zwischenfall: der Veröffentlichung eines Telegramms des deutschen Auswärtigen Amtes an den Gesandten in Mexiko, in dem Letzterer angewiesen wurde, die Mexikaner im Bündnis mit Berlin zu einem Angriff auf die Vereinigten Staaten zu überreden. Hatte das so genannte Zimmermann-Telegramm bereits einen weitgehenden Umschwung der öffentlichen Meinung gebracht, war das Maß endgültig voll, als etwas über zwei Wochen später mehrere amerikanische Handelsschiffe ohne Warnung von einem deutschen U-Boot versenkt wurden. Am 6. April erklärte Washington Deutschland den Krieg.

3. Wirtschaftseliten, Kriegsziele und Innenpolitik

Während in allen am Weltkrieg beteiligten Nationen ein kleiner Kreis von militärischen Führern versuchte, den Konflikt für die eigene Seite zu einem siegreichen Ende zu bringen, und eine etwas größere Schar von Diplomaten und Politikern bemüht war, den Ausgang des Kampfes durch Verhandlungen mit Bündnispartnern und Neutralen zu beeinflussen, spielten die Wirtschafts- und Bildungseliten nach 1914 ebenfalls eine wichtige Rolle. Insgesamt waren die Großmächte bei Kriegsbeginn noch nicht einmal auf einen kurzen Kampf besonders gut vorbereitet und natürlich noch weniger auf einen langen. Rein militärisch standen die Deutschen vielleicht am besten da, nachdem der Reichstag 1912 und 1913 zwei große Wehrvorlagen verabschiedet hatte. Wien war nach dem Urteil des kanadischen Historikers Holger Herwig kaum zu einem Feldzug gegen das viel kleinere Serbien fähig. Die französischen und russischen Rüstungsprogramme sollten erst 1915/16 abgeschlossen werden, und England hatte zwar eine Berufsmarine, aber keine allgemeine Wehrpflicht und somit nur eine kleine Armee.

Haperte es bei der militärischen Kriegsvorbereitung, stand es bei der wirtschaftlichen und finanziellen Kriegsvorsorge überall noch schlechter. Auf diesem Gebiet waren selbst die Deutschen weitgehend unorganisiert, obwohl zu erwarten war, dass ihnen angesichts ihrer geographischen Lage die Zufuhr von Rohstoffen durch die Engländer und Franzosen sofort abgeschnitten werden würde. Solange der U-Boot-Krieg noch nicht ernsthaft begonnen hatte, brauchten sich die Alliierten mit ihren Kolonialreichen um ihre Zufuhr nur insoweit zu sorgen, als ein paar deutsche Kreuzergeschwader vor den Küsten ihrer Besitzungen in Afrika und Asien Unruhe schaffen konnten.

Russland hing derweil von ausländischen Zulieferungen nur wenig ab, war für einen modernen Krieg aber deswegen nicht gut gerüstet, weil – ähnlich wie in Österreich-Ungarn – seine Industrie für die Produktion von Rüstungsgütern unterentwickelt war. Auch aus diesem Grunde erfuhren beide Nationen bald die bereits geschilderten bitteren Niederlagen ihrer schlecht ausgerüsteten und unterversorgten Armeen im Osten.

Die alliierte Blockade, die gleich im Herbst 1914 voll einsetzte, zwang Deutschland eher noch als die anderen Nationen, seine Wirtschaft und Wissenschaft für den Krieg zu mobilisieren.

In dieser Erkenntnis stellten sich Unternehmer und Bildungseliten zur Verfügung, um den Nachschub für die kämpfenden Truppen zu sichern und die Gesellschaft auf den Sieg hin zu organisieren. Für die Granatenproduktion erwiesen sich zwei Chemiker, Fritz Haber und Carl Bosch, als Retter in der Not. Denn nachdem die Zufuhr von chilenischem Salpeter durch die Alliierten abgeschnitten worden war, erfanden sie die synthetische Nitratgewinnung und ermöglichten damit die weitere Herstellung von Dynamit. Ohne diese Entwicklung wäre den

Mittelmächten schon im Frühjahr 1915 buchstäblich die Munition ausgegangen.

Früh erkannte auch die Industrie, dass dieser Krieg ihre gezielte Kooperation erforderte. Überall bemühte sie sich daher, einen patriotischen Beitrag zur Aufrechterhaltung und Steigerung der Produktion zu leisten und sich für die Mobilisierung aller Kräfte zu engagieren. Auf deutscher Seite gewann in dieser Beziehung der Chef der Allgemeinen Elektrizitäts-Gesellschaft (AEG), Walther Rathenau, schnell eine Schlüsselstellung. Auf sein Drängen begann schon im Herbst 1914 die Organisierung der Rohstoffzuteilungen an kriegswichtige Betriebe. Ähnliche Anstrengungen unternahmen zusammen mit den zuständigen Ministerien auch die Produzenten in Landwirtschaft und Gewerbe in Frankreich und Großbritannien.

Schließlich machte der Kriegsverlauf mit seinen Verlusten an der Front auch eine Reglementierung des Arbeitsmarktes und die Zusammenarbeit mit der organisierten Arbeiterschaft notwendig, um sicherzustellen, dass die Produktion ununterbrochen lief. Arbeitsniederlegungen waren das Letzte, was sich eine Regierung im Ersten Weltkrieg leisten konnte. Es ist an dieser Stelle nur möglich, auf die zahlreichen kriegsorganisatorischen Neuerungen in den verschiedenen Ländern hinzuweisen. Sie alle liefen auf eine wachsende Zentralisierung in Staat, Wirtschaft und Gesellschaft hinaus, durch die die Kriegführung von oben im weitesten Sinne tief auf die innenpolitischen Entwicklungen einwirkte. Wie die Generäle im militärischen Bereich und die Politiker und Diplomaten in der Sphäre der internationalen Beziehungen, so stellten auch im wirtschaftlichen Bereich Angehörige der Eliten ihr Fachwissen und ihre Arbeitskraft zur Verfügung, um den Sieg zu ermöglichen.

Der Krieg warf gerade auch für die Finanz- und Steuerexperten besonders schwierige Fragen auf. Da war als Erstes das Problem der Teuerung. Da die wirtschaftliche und finanzielle Kriegsvorsorge überall nur gering gewesen war, stieg die staatliche Nachfrage mit Beginn des Konflikts steil an. Mochten sich die Behörden auch sehr um eine Eindämmung von Preistreibereien durch Industrie, Landwirtschaft und Handel stemmen, eine deutliche Inflation ließ sich nicht verhindern. Derweil wurden Lebensmittel und Konsumgüter schon durch den militärischen Bedarf und die Umpolung der Produktion auf Kriegsgüter knapper. Die Nachfrage der Zivilbevölkerung trieb daher auch hier die Preise in die Höhe. Es begann die schon erwähnte Verarmung der Massen, die sich bei steigenden Preisen immer weniger leisten konnten.

Schließlich stellte sich die wichtige Frage, wie der Staat seine volkswirtschaftlich kaum produktiven Waffenkäufe bezahlen würde. Grundsätzlich gab es drei Möglichkeiten, auf die alle am Weltkrieg beteiligten Länder in unterschiedlichen Proportionen zurückgriffen: höhere Steuern, die den Bürgern die Kosten sofort aufbürdeten; Anleihen, die die Staatsschuld vergrößerten und deren Abtragung auf zukünftige Generationen abwälzten, und drittens Rückgriff auf die Goldreserven.

An den Verschiebungen, die in der Höhe der Letzteren zwischen den Großmächten stattfanden, lässt sich zugleich gut ablesen, wie stark der Krieg die Europäer auch in finanzieller Hinsicht schwächte, während die Amerikaner und Japaner gestärkt aus dem Konflikt hervorgingen. So standen die Deutschen und Österreich-Ungarn mit −123 Mill. Mark bzw. −55 Mill. Mark am unteren Ende des Spektrums, während die USA und Japan einen Zuwachs in ihren Goldreserven von 128 Mill. Mark bzw. 183 Mill. Mark verzeichneten. Aber auch die Engländer (−42 Mill.), die Franzosen (−25 Mill.) und die Italiener (−19 Mill.) waren Schuldner geworden, deren Konten vor 1914 noch schwarze Zahlen geschrieben hatten.

An der Steuer- und Anleihepolitik lässt sich indessen am besten ausmachen, warum am Ende nicht nur die Unterschichten, sondern − wie schon erwähnt − auch die Mittelklassen hart getroffen wurden, egal ob sie 1918 zu den Siegern oder den Besiegten gehörten. Nur das Maß der Verluste war unterschiedlich. So war die deutsche Praxis schon vor 1914 stark regressiv gewesen. Staatsausgaben − voran solche für Rüstungen − waren immer wieder über Anleihen finanziert worden. Die Reichsschuld wuchs dadurch zwischen 1900 und 1913 von 2298 Mill. Mark auf fast 5000 Mill. In der Steuerpolitik verschob sich die

Hauptbelastung mehr und mehr auf die Verbrauchssteuern, die vor allem die kleinen Einkommen trafen, während der Widerstand der Wohlhabenden und vor allem der konservativen Großgrundbesitzer gegen eine Erhöhung der direkten Steuern (Erbschafts- und Einkommenssteuer) noch 1913 trotz der hohen Kosten der beiden Wehrvorlagen von 1912/13 so erfolgreich war, dass eine nachhaltige Verschiebung der Proportionen zwischen Verbrauchssteuern einerseits und den Einkommens- und Erbschaftssteuern andererseits nicht erfolgte.

Gerade weil die wilhelminische Steuerpolitik den innenpolitischen Konflikt schon vor 1914 anheizte, indem die Arbeiterbewegung sich gegen eine weitere Erhöhung der Verbrauchssteuern wandte, während die Reichen gegen eine Progression der direkten Steuern kämpften, wollte die Reichsleitung eine Fortsetzung dieser Spannungen im Kriege möglichst vermeiden. Daher legte sie den Schwerpunkt ihrer Haushaltspolitik auf die Auflage von Kriegsanleihen. Der Vorteil dieser Praxis war, dass man Steuererhöhungen auswich. Anleihen waren auch deshalb attraktiv, weil sie mit einem Appell an den Patriotismus, aber auch an die Gewinnsucht der Besitzer von Sparkonten aufgelegt werden konnten. Man gab seine Goldstücke zur Unterstützung des Krieges und hoffte, später sein Geld zusammen mit einem günstigen Zinsgewinn vom Staat zurückzuerhalten. Wir haben aber auch bereits gesehen, dass der Staat dieses Versprechen angesichts der deutschen Niederlage nicht aufrechterhielt und nicht aufrechterhalten konnte. Die Weimarer Republik entledigte sich der von der Monarchie geerbten Schulden durch eine massive Entwertung der Währung.

Während die Franzosen eine dem Deutschen Reich ähnliche Finanz- und Steuerpolitik verfolgten und als Sieger 1918 daher auf eine Finanzierung ihrer Kriegsschulden durch Reparationszahlungen drängten, hatte England schon vor 1914 eine Steuerprogression durchgesetzt. Zwar waren die direkten Steuern im Vergleich zu später immer noch gering; aber es war ein Anfang gemacht. Das zahlte sich im Kriege dadurch aus, dass man sich nicht so stark wie in Deutschland auf die politisch problematischeren Anleihen verlassen musste. Auch nach dem Kriege

waren die durch die Kriegsfinanzierung angetriebenen sozialen
Spannungen in England nie so groß, dass sie wie in Frankreich
die Außenpolitik radikalisierten oder wie in Deutschland die
Lebensfähigkeit des politischen Systems bedrohten. Dennoch
waren auch in England, das mit seinem Weltreich im 19. Jahrhundert viel Reichtum angesammelt hatte, die Folgen des Weltkrieges tiefgreifend, sosehr sich seine politischen und ökonomi-
schen Eliten auch um eine Milderung bemüht hatten.

Schließlich ist der Anteil der Bildungseliten auf dem immer
wichtigeren Gebiet der geistigen Mobilmachung der Bevölkerung im Zeichen des totalen Krieges zu beachten. An den Bemühungen, im eigenen Land eine optimistische Stimmung zu erhalten und zu festigen und zugleich durch Propaganda nach außen
die Kampfmoral des Feindes zu untergraben, beteiligten sich
zahlreiche Akademiker und Journalisten. In allen am Krieg beteiligten Ländern hielten sie patriotische Reden und stellten ihre
Zeitungen und Zeitschriften in den Dienst am Vaterland.

Die Führungen der beiden christlichen Kirchen bis hin zu den
Priestern und Pastoren leisteten ebenfalls einen wichtigen Beitrag zum Seelenkrieg, und von den Kanzeln fiel manches religiös
verbrämte, chauvinistische Wort.

Insgesamt wird man sagen müssen, dass die Alliierten auf
dem Gebiet der Propaganda erfolgreicher waren als die beiden
zentraleuropäischen Monarchien. Das galt tendenziell auch all-
gemeiner für die Fähigkeit der Regierung und der Volksvertre-
ter, den Konnex zur Bevölkerung aufrechtzuerhalten. An der
Spitze standen charismatische Führer wie Georges Clemenceau
in Frankreich, David Lloyd George in Großbritannien und Wilson in Amerika. Sie fanden leichter die richtigen Worte in einer
Stunde der Krise als Bethmann, der pessimistische «Philosoph
von Hohenfinow», der greise Franz Joseph, der eher zur Witz-
blattfigur gewordene Wilhelm II. oder der hölzerne Paul von
Hindenburg, der ab 1917 als Chef der OHL der Sprecher einer
(von dem kanadischen Historiker Martin Kitchen so genannten)
stillen Diktatur wurde.

Aus den Kreisen der Wirtschaft und der Gebildeten kam
schließlich schon früh die Frage nach den Zielen dieses Krie-

ges, sollte er denn den jeweils erhofften glücklichen Ausgang haben.

Soweit es Frankreich und England betraf, wird man allerdings sagen müssen, dass ihre Kriegsziele diffus blieben und auf jeden Fall nicht zielstrebig koordiniert waren. Der Eintritt der Amerikaner in den Krieg auf Seiten der Alliierten komplizierte die Lage weiter. Allerdings hielten sich alle strikt an das Anfang September 1914 abgegebene Versprechen, keinen Separatfrieden zu schließen und auch keine Friedensangebote zu machen, die nicht zuvor unter den Verbündeten abgestimmt waren. Erst die Bolschewisten brachen im Oktober 1917 aus dieser Front heraus. Schließlich ist daran zu erinnern, dass einigen Nationen für ihren Eintritt ins alliierte Lager oder ihre Neutralität territoriale Versprechungen gemacht worden waren, die beim Friedensschluss 1919 dann mit den Realitäten und den geostrategischen Überlegungen der Großen am Verhandlungstisch der Pariser Friedenskonferenz kollidierten.

Die mangelnde Greifbarkeit und Koordination der alliierten Kriegsziele verhinderte indessen nicht, dass Frankreich und England für sich eine Reihe von Ansprüchen entwickelten. Für Paris war das Hauptanliegen, gegen eine erneute Invasion von Osten her absolute Sicherheit zu erringen. Das 1871 verlorene Elsass sollte zurückgewonnen und die Grenze auch weiter im Norden durch die Schaffung kleiner Vasalleneinheiten bis an den Rhein vorgeschoben werden. Die französischen Militärs wollten Deutschland gar in neun Gebiete zerlegen. Schließlich dachte man noch an hohe Reparationszahlungen. Dabei spielte nicht nur die Erinnerung an jene Zahlungen eine Rolle, die die Deutschen Paris 1871 auferlegt hatten, sondern auch an den Wiederaufbau der zerstörten Gebiete und die Zahlungen der Kriegsversehrten-, Witwen- und Waisenrenten, die nach dem Kriege anfielen. Im Dezember 1917 wurde in Paris schließlich beschlossen, auch in Osteuropa einen Staatengürtel zu schaffen, um eine erneute deutsche Expansion im Osten zu verhindern.

Anders als Frankreich entwickelte Großbritannien auf dem europäischen Kontinent keine territorialen Ambitionen. Umso nachdrücklicher visierte es aber den Erwerb der deutschen Kolonien und von Teilen des Osmanischen Reichs an. Die Wiederherstellung eines souveränen Belgiens war ebenso selbstverständlich wie die Notwendigkeit, den preußisch-deutschen Militarismus ein für alle Mal in seine Schranken zu weisen. Im Jahre 1917 kamen noch Vorschläge zu einer Restauration Serbiens und Polens hinzu, und im Januar 1918 erweiterte Premierminister Lloyd George die Liste durch Forderungen, in denen den Nationalitäten des Osmanischen und Habsburger Reiches zumindest eine größere Selbstbestimmung versprochen wurde. Den Italienern waren 1915 beim Übertritt in das alliierte Lager Südtirol, der Trentino, Territorien um Triest und an der Dalmatinischen Küste, das nördliche Albanien sowie die Dodekanesischen Inseln zugesagt worden.

Das Zarenreich hatte nach der Niederlage im russisch-japanischen Krieg von 1904 seine einstigen Expansionsversuche im Fernen Osten aufgegeben. Der Abschluss der Entente mit England im Jahre 1907 bedeutete eine Einigung über die jeweiligen Interessenssphären in Zentral- und Südasien, wo sich London bisher durch die Ambitionen des Zaren unter Druck gesetzt fühlte. Hiernach richtete sich die Aufmerksamkeit von Nikolaus II. auf den Südwesten und den alten Traum eines Zugangs zum Mittelmeer. Der russisch-türkische Konflikt, der Ende 1914 dann in einen Krieg mündete, eröffnete für den Zaren die Chance, im Falle eines alliierten Sieges Territorialgewinne auf Kosten des Osmanischen Reiches zu erzielen. Wie stark dieser Drang nach Südwesten unter den russischen Eliten war, zeigte sich noch im Frühjahr 1917, als sich Russland bereits im revolutionären Aufruhr befand. Während die im Februar spontan «von unten» gewählte Rätebewegung den sofortigen Frieden ohne Annexionen und Reparationen forderte, kleidete Außenminister Paul Miljukow die Frage der Bündnisverpflichtungen und Kriegsziele in so sybillinische Worte, dass er auf Druck der von den kriegsmüden Massen getragenen Sowjets zurücktreten musste.

Das Habsburger Reich visierte relativ bescheidene territoriale Zugewinne an, vor allem an der nordöstlichen Grenze mit Russland und im Süden gegenüber Italien. Es verlangte auch eine Neuordnung der Grenzen auf dem Balkan. Dagegen entwickelte das Deutsche Reich recht exorbitante territoriale Ziele. Dabei konzentrierten sich Berlins Forderungen weniger auf zusätzliche Kolonialerwerbungen in Übersee als auf die Errichtung eines «blockadefreien» Raums auf dem europäischen Kontinent.

Die Wurzeln für dieses Programm gehen auf die Zeit vor 1914 zurück und sind in der Einsicht zu suchen, dass Wilhelm II. mit seiner «Weltpolitik» und dem Traum vom Erwerb großer überseeischer Gebiete um 1911/12 endgültig gescheitert sei. Seitdem konzentrierte sich die Rüstungspolitik nicht mehr auf den Ausbau der deutschen Seemacht, sondern auf eine Stärkung der Landstreitkräfte, die bis dahin im zweiten Glied hinter dem Schlachtflottenbau gestanden hatten. Mit diesem Wechsel richtete sich auch der Blick der deutschen Außenpolitik auf den Osten und Südosten. Man wollte die dortigen, vornehmlich agrarischen Länder als Teil eines «informal empire» ökonomisch an sich binden. Allerdings gab es auch vor 1914 schon Stimmen – vor allem in der militärischen Führung und unter preußischen Konservativen –, die eine direkte Einverleibung dieser Regionen befürworteten.

Deren Kalkül fasste General Wilhelm Groener, der vor 1914 der Chef der Eisenbahnabteilung des Generalstabs und im Kriege Leiter des Kriegsamts gewesen war, im Jahre 1919 rückschauend wie folgt zusammen: «Wir haben unbewusst nach der Weltherrschaft gestrebt – das darf ich natürlich nur im allerengsten Kreise sagen, aber wer einigermaßen klar und historisch die Sache betrachtet, kann darüber nicht im Zweifel sein – ehe wir unsere Kontinentalstellung fest gemacht hatten.» Diese Kritik war – wie Tirpitz als deren Hauptzielscheibe schon 1915 meinte – die «Ansicht zahlreicher Kreise in der Armee und anderer rechtsstehender Kräfte». Die Deutschen «hätten zwar Machtpolitik treiben müssen, aber Kontinentalpolitik. Erst die Feinde auf dem Kontinent niederringen, dazu alles in das Heer stecken. ... Welt und Flottenpolitik ist ‹verfrüht› gewesen. Wir haben uns ‹übernommen› mit der Marine.»

Vor dem Hintergrund solcher Einschätzungen der wilhelminischen Weltpolitik und der Rückbesinnung auf eine europäische Kontinentalposition sind nun auch die weitreichenden Annexionspläne zu sehen, die die deutschen Industrie- und Agrareliten bald nach Kriegsbeginn entwickelten. Noch im August und September 1914 erhielt Bethmann zahlreiche Eingaben, die sich auf den Territorialerwerb im Westen oder Osten Europas bezogen. In Erwartung eines schnellen Sieges im Westen, fasste der Reichskanzler am 9. September diese Pläne in einer Denkschrift zusammen. Nach seinen Überlegungen sollten Luxemburg und die östlichen Teile Belgiens dem Reich einverleibt werden. Das übrige Belgien war als eine Art Vasallenstaat konzipiert. Frankreich sollte vor allem das Schwerindustriegebiet von Longwy-Briey verlieren. Des Weiteren sah die Denkschrift vor, alle westeuropäischen Länder in einer Zollunion unter deutscher Führung zusammenzuschließen, die Skandinavien und später auch Polen umfasste.

Denn nachdem Berlin die Polen anfangs noch dem Habsburger Reich überlassen wollte, dachte Bethmann ab 1916 mehr an die Schaffung eines weiteren Vasallenstaats und eines «Grenzstreifens» gegen Russland. Des Reichskanzlers berühmt-berüchtigte September-Denkschrift scheint indessen nicht nur als Antwort auf die vertraulichen Eingaben der Wirtschaft entstanden zu sein, sondern auch als Reaktion auf eine Kriegszielerklärung, die der ultranationalistische Alldeutsche Verband (ADV) am 28. August veröffentlicht hatte und in der riesige Gebietserwerbungen vor allem auf Kosten Russlands gefordert wurden. Die Erklärung des einflussreichen ADV war dem Reichskanzler sehr unwillkommen, weil er eine öffentliche Debatte über die deutschen Kriegsziele unbedingt vermeiden wollte. Hatte er doch das wohl richtige Gefühl, dass eine solche Debatte den inneren Burgfrieden stören oder gar zerstören würde, der zu Kriegsbeginn mühsam mit den Sozialdemokraten und Gewerkschaften als den Führungsorganisationen der Industriearbeiterschaft geschlossen worden war.

In der Tat lässt sich die Interdependenz von innenpolitischer und militärischer Lage für Deutschland an der Kriegszielfrage besonders gut illustrieren. Zu Beginn des Krieges wurde diese Frage in allen beteiligten Ländern zunächst mit Vorsicht behandelt. Einmal wollten sich die verantwortlichen Politiker für den eines Tages kommenden Friedensschluss nicht die Hände binden. Zum Zweiten ahnte man, dass die Ankündigung riesiger Kriegsziele eine radikale Oppositionsbewegung auslösen würde. Je mehr die Kriegsziele daher allgemeine und universalistische Prinzipien propagierten und einen Ethnozentrismus und Annexionismus ablehnten, desto eher war damit zu rechnen, dass die, die auf ein baldiges Ende des Krieges hofften, die Kriegszielfrage nicht zu einem innenpolitischen Streitpunkt erheben wollten. Umgekehrt mussten ehrgeizige Annexionsforderungen, die für jeden erkennbar nur mit einem harten Siegfrieden zu verwirklichen waren, innenpolitisch polarisierend wirken. Sie würden unvermeidlich den Widerstand aller wachrufen, die weder an Territorialgewinnen ein Interesse hatten noch deswegen den Krieg bis zum Endsieg fortführen wollten, wenn sich die Chance für einen vorherigen Kompromissfrieden ergab.

Die Kriegszielfrage hatte noch eine weitere innenpolitische Dimension. Die steigenden Kosten und Opfer des Weltkonflikts mussten überall die Forderung verstärken, größere soziale und politische Gerechtigkeit herzustellen, die schon vor 1914 überall in Europa die Arbeiter mobilisiert hatte. Sie tauchte in den Programmen der Arbeiterbewegungen auf, und Frauen meldeten damals ebenfalls den Kampf um die Gleichberechtigung und das Stimmrecht an. Manche der Programme bedienten sich einer reformistischen Sprache. Andere proklamierten die Revolution der bestehenden Eigentums- und Machtverhältnisse.

Nach Kriegsbeginn erkannten Politiker und Unternehmer dann auch überall sehr schnell, dass der Druck «von unten» auf eine Veränderung der bestehenden sozialen und politischen Verhältnisse beträchtlich wachsen würde. Einer von ihnen war der Krupp-Direktor Alfred Hugenberg. Er meinte im Oktober 1914, man müsse mit einem erhöhten Machtbewusstsein der nach dem Kriege von der Front heimkehrenden Arbeiter rechnen. Sie würden Druck auf die Unternehmer ausüben und auch nach neuen Gesetzen verlangen.

Auf diese Erwartungen der Soldaten und Zivilbevölkerung konnten die Verantwortlichen in zweierlei Weise reagieren. Ent-

weder sie nahmen die Reformvorschläge auf und ließen eine
langsame Transformation von Wirtschaft, Politik und Verfassung zu, dabei die radikaleren Forderungen ablehnend; oder
sie beharrten auf der Bewahrung des Status quo, obwohl klar
war, dass eine so konservative Strategie die Stabilisierung des
bestehenden politischen Systems gefährden musste. Im Hinblick
auf England und Frankreich wird man zu diesen Alternativen
sagen können, dass man dort eher zu Reformen und Verfassungsänderungen bereit war als in Zentraleuropa. Man wusste,
dass ein konservatives Mauern den Veränderungsdruck langfristig nur erhöhte. Es war daher besser, rechtzeitig auf das Par-
tizipationsverlangen der «Massen» einzugehen.

Auf Deutschland bezogen wird man hingegen sagen müssen,
dass es dort zwar auch reformwillige Kräfte in Regierung und
Wirtschaft gab; doch waren sie in den internen, 1915/16 ein-
setzenden Machtkämpfen um die Frage von «Reform oder Reaktion» immer wieder die Verlierer. So wie sich im Jahre 1914
bei dem Entschluss für einen großen Krieg die «Falken» um die
beiden Generalstabschefs durchgesetzt hatten, obsiegten in
Berlin im Kriege jedes Mal diejenigen, die nicht bereit waren,
dem Proletariat irgendwelche sozialen oder politischen Konzessionen zu machen. Mehr noch: Nachdem der schnelle Sieg
ausblieb und der Konflikt immer mehr Menschenopfer forderte,
musste sich der Druck der kämpfenden Truppe und der Heimatfront mit jeder Woche, die der Krieg länger andauerte, erhöhen.
Auf diesen Druck hatten die Monarchie und die sie stützenden
Kräfte eine Antwort, die nun anstelle von Reformen und Reformversprechen in die öffentliche Debatte geworfen wurde.
Hugenberg hatte diese Antwort in seiner Stellungnahme vom
Oktober 1914 auch bereits formuliert. Um innenpolitische
Schwierigkeiten zu vermeiden, sei man gut beraten – so erklärte
er –, die Aufmerksamkeit der Leute abzulenken und Wunsch-
vorstellungen über eine territoriale Expansion des Reiches Spiel-
raum zu geben.

Es lohnt, sich Hugenbergs Worte fest einzuprägen, nicht zuletzt, weil sie tendenziell auch für die Politik des Zarenreichs
galten: Die Verkündung grandioser außenpolitischer Kriegs-

ziele, die von den Problemen und Erfordernissen der Innenpolitik ablenkten, wurde zu einem Palliativ für Reformen. Wir
werden weiter unten zu analysieren haben, wie gerade die
Kriegszieldiskussion in Deutschland die Polarisierung der Kräfte förderte; wie die Verknüpfung der Idee eines harten Siegfriedens mit Annexionen mit einer wachsenden Friedenssehnsucht und der Erwartung auf innere Veränderungen zusammen-
stieß. Wer die Kriegszieldebatte anfachte, war insofern im
Vorteil, als durch sie nationalistische Gruppen mobilisiert und
bei der Stange gehalten werden konnten. Der Nachteil, den man
aber bewusst in Kauf nahm, war der Zerfall von Gesellschaft
und Politik in zwei hochpolitisierte feindliche Lager. Denn je
stärker die offizielle Propaganda sowie die der Rechten, voran
des ADV, einen harten Siegfrieden mit Annexionen anstrebten,
umso heftiger regten sich die Proteste der Reformer und Frie-
denswilligen. Es war der Boden, auf dem sich der Zusammenbruch der Monarchien in Zentral- und Osteuropa vorbereitete.

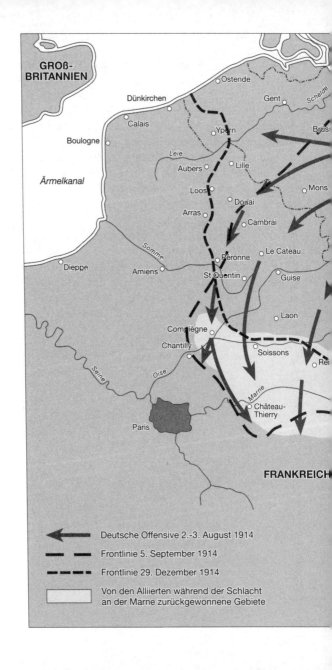

GROSS-BRITANNIEN

Ostende
Dünkirchen
Gent
Scheide
Calais
Ypern
Brüs
Boulogne
Leie
Aubers
Lille
Mons
Ärmelkanal
Loos
Douai
Arras
Cambrai
Somme
Péronne
Le Cateau
Dieppe
Amiens
St Quentin
Guise
Laon
Compiègne
Chantilly
Soissons
Rei
Seine
Oise
Marne
Château-Thierry
Paris
FRANKREICH

Deutsche Offensive 2.-3. August 1914

Frontlinie 5. September 1914

Frontlinie 29. Dezember 1914

Von den Alliierten während der Schlacht an der Marne zurückgewonnene Gebiete

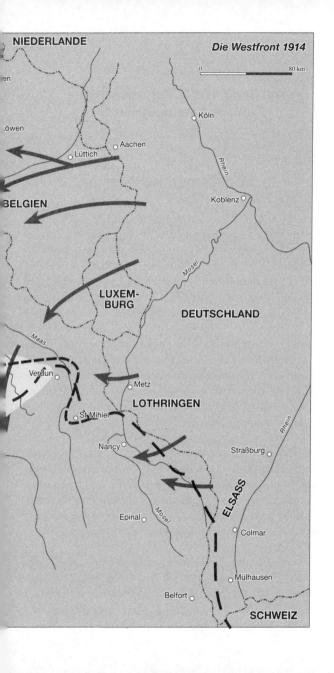

IV. Der Erste Weltkrieg ‹von unten›: Front und Heimatfront

I. Bevölkerung und Kriegsausbruch

Während die Staatsmänner und Diplomaten Bündnisse aushandelten und Ministerialbürokraten zusammen mit den Führern aus Industrie und Landwirtschaft fern der Front die Produktion und Versorgung zu organisieren versuchten; während Professoren und Journalisten in ihren Studierstuben patriotische Zeitungsartikel und Pamphlete verfassten und die Generäle den nächsten Großangriff vorbereiteten, erfuhren Millionen von einfachen Soldaten und Zivilisten den Weltkrieg auf eine andere Weise.

Im August 1914 hatten sie alle den Kriegsbeginn auf zahllosen Massenversammlungen und Demonstrationen in Städten und Dörfern noch gemeinsam erlebt. Fragt man nach ihren Reaktionen auf die dramatischen Ereignisse Ende Juli und Anfang August, wird man zwei Faktoren bedenken müssen. Erstens glaubten sie alle – gleich welcher Nation sie auch angehörten –, dass ihr Land das angegriffene war. Selbst wenn wir heute wissen, dass die Eskalation der Krise bis zum Weltkrieg in erster Linie von den Entscheidungsträgern in Wien und Berlin ausging, waren die Deutschen und Österreich-Ungarn durchweg überzeugt, von den anderen Großmächten in einen Verteidigungskrieg gestürzt worden zu sein. Diese Überzeugung dominierte mutatis mutandis auch die Einstellungen der Franzosen, Russen und Engländer.

Zum Zweiten hatten die allermeisten von denen, die zu den Versammlungen strömten und sich die Verlesung der Kriegserklärungen anhörten, keine Ahnung, was für ein Krieg ihnen bevorstand. Zwar hatte es vor 1914 einige Stimmen gegeben, die warnten, dass ein Krieg zwischen den industrialisierten

Großmächten Europas für Wirtschaft und Gesellschaft katastrophale Folgen haben würde; doch wurden diese Schriften und Reden von der Bevölkerung nie richtig rezipiert. Auch wenn etwa die deutschen Sozialdemokraten vor ihren Wählern vom «großen Kladderadatsch» sprachen, so dachten sie eher an die progressiven Veränderungen, die die Konflikte zwischen den Kolonialmächten, das Ringen um Märkte und die erwartete Krise des Kapitalismus für die proletarischen Massen bringen würden. Wie ein Zukunftskrieg an der Front und Heimatfront im Einzelnen ablaufen würde, darüber gab es nur vage Stammtischvorstellungen. Und wer damals Science-Fiction-Romane las, war eher von der dort liebevoll geschilderten utopischen Technologie fasziniert und dachte über die Tödlichkeit neuer Waffen und Kriegsmaschinen nicht weiter nach.

So kam es, dass in der Bevölkerung meist Vorstellungen von einem zukünftigen Krieg bestanden, die aus den Erfahrungen mit dem deutsch-französischen Krieg von 1870/71 stammten. Man erwartete einen kurzen Zusammenstoß zwischen zwei Armeen, aus dem die eine schnell als Sieger hervorgehen würde. Dass es gegen Ende jenes Konfliktes zu Manifestationen eines totalen Volkskrieges gekommen war, hatten bis 1914 selbst viele Berufsoffiziere, die es besser hätten wissen müssen, verdrängt. Folglich machte im August das Wort die Runde, dass man bis Weihnachten des Jahres wieder zu Hause sein werde.

Während der Glaube an einen schnellen Sieg der eigenen Seite die versammelten Massen gewiss beflügelte, haben neuere Forschungen gezeigt, dass die Begeisterung selbst für einen kurzen Verteidigungskrieg wohl doch nicht so groß war, wie sie über Jahrzehnte hinweg in den Geschichtsbüchern geschildert worden ist. Wer zu den Versammlungen ging und sich die patriotischen Reden der Politiker anhörte, wurde vielleicht mitgerissen, wenn die Zuhörer um ihn herum in Jubel ausbrachen. Aber so mancher scheint auch deshalb gejubelt zu haben, weil ein dumpfes Schweigen in dieser Umgebung Unverständnis und Feindseligkeit hervorgerufen hätte. Erst auf dem Weg nach Hause kehrte dann die Nachdenklichkeit zurück.

Es spricht daher vieles dafür, dass ein Mitglied des Hamburger sozialdemokratischen Jugendbundes die Stimmung Anfang August 1914 in seinem Tagebuch recht treffend wiedergab, wenn er schrieb: «Die Aufregung der Bevölkerung, die sich schon vorher im panikartigen Ansturm auf die Sparkassen und Lebensmittelgeschäfte geäußert hatte, wuchs. Die meisten Menschen waren niedergeschlagen, als wenn sie am folgenden Tag geköpft werden sollten.» Und ein älterer Sozialdemokrat aus der Hansestadt bemerkte einige Tage später: «Vor dem Gewerkschaftshaus am Besenbinderhof fanden sich Tag für Tag viele Genossen ein. Wir standen dem Treiben ziemlich verständnislos gegenüber. Viele fragten sich: ‹Bin ich verrückt oder sind es die anderen?›»

Auch in den Dörfern Frankreichs war die Stimmung eher ernst. Und doch kam es nach den Mobilmachungserklärungen nicht zu Demonstrationen gegen den nun beginnenden großen Krieg. Wo die Wehrpflicht bestand, folgte man willig dem Gestellungsbefehl und fand sich in der Kaserne oder am Bahnhof zum Transport an die Front ein. Wo – wie in England – nur ein kleines Berufsheer bestand, meldeten sich die Freiwilligen in großen Scharen für eine kurze Ausbildung, ehe sie mit der British Expeditionary Force nach Flandern und Nordfrankreich geschickt wurden.

Von diesem Zeitpunkt an waren die Erfahrungen des Krieges zwischen Front und Heimatfront sehr verschieden. Zwar brachen die Verbindungen der Soldaten zu ihren Familien nie ab. Die Feldpost stellte Briefe und vor allem zu Weihnachten 1914 Unmengen von Festpaketen zu. Viele kamen auf Urlaub wenigstens für kurze Zeit nach Hause. Doch oft stand zwischen den jungen Männern, die zurückkehrten, und ihren Angehörigen eine psychische Mauer, einfach weil die Welt der Schützengräben und Unterstände im Zeitalter industrieller Kriegführung eine völlig andere war als die der Heimat. Wie konnte man den Horror, den man an der Front erlebt hatte, einer besorgten und verängstigten Mutter beschreiben? Da fehlten vielen Urlaubern einfach die Worte. Erst gegen Ende des Krieges kam es zu einer Wiederannäherung, als die Friedenssehnsucht – wie sie im nächsten Kapitel einschließlich ihrer revolutionären Folgen darzustellen sein wird – sowohl an der Front als auch in der Heimat immer größer wurde.

2. Die Totalisierung des Krieges an der Front

Der Erste Weltkrieg war im Herbst 1914 im Westen wie im Osten zuerst ein Bewegungskrieg. Dabei gab es unter den Truppen sofort große Verluste. Aber auch die Zivilbevölkerung wurde vor allem in Belgien sofort schwer getroffen. Frauen und Kinder verloren zu Dutzenden das Leben. Die Zerstörung von Dörfern und Städten durch die vormarschierenden deutschen Truppen war z. T. gnadenlos. Als es nach dem Einschwenken in Flandern mit Richtung auf Paris dann zur Marne-Schlacht und zur Zurücknahme der deutschen Armeen auf eine Linie von Albert bis Soisson und Reims kam, verfestigte sich die Front. Der Stellungskrieg begann. Beide Seiten bauten im Eiltempo Schützengräben und Unterstände, deren Netzwerk sich schließlich in einem großen Bogen von Ypern in Belgien bis Verdun in Lothringen erstreckte. Entlang dieser über 700 Kilometer langen Kampflinie schachteten die beiden Seiten einschließlich aller Nachschub- und Rückzugsgräben Erde über nicht weniger als 40 000 Kilometer aus.

Zwar gab es nach der Marne-Schlacht immer wieder verlustreiche Versuche, die gegnerische Front zurückzurollen oder gar den kriegsentscheidenden Durchbruch zu erzielen; doch im Vergleich zu den Schlachten der folgenden Jahre ging es bis auf weiteres relativ gemäßigt zu. Noch war der Hass auf den Gegner gedämpft, wie sich zu Weihnachten 1914 zeigte. Damals kam es an verschiedenen Abschnitten zu einem unausgesprochenen Waffenstillstand. Man wünschte sich übers Niemandsland hinweg «Frohe Weihnachten», stellte Kerzen auf und sang die vertrauten Lieder. Es gab sogar Verbrüderungen, die freilich von den Offizieren sofort verboten wurden.

Auch im Osten bemühte man sich im ersten Kriegsjahr, eine Eskalation zu einem hasserfüllten Kampf bis aufs Messer, bei dem der beste Feind ein toter Feind war, zu verhindern. So wurden die Hunderttausende österreichisch-ungarischer Kriegsgefangener, die die Russen machten, selbst in den fernen Lagern des unwirtlichen Sibiriens nach den Regeln des Völkerrechts behandelt, bis diese später angesichts des wachsenden Chaos im Zarenreich mehr und mehr über Bord geworfen wurden. Freilich, ab 1915 war die Totalisierung und Brutalisierung des Konflikts nicht mehr zu leugnen. Dafür zwei drastische Beispiele:

Der Ortsname Verdun verkörpert bis auf den heutigen Tag in der Erinnerung der Deutschen und der Franzosen das Massensterben des Ersten Weltkriegs. Die Schlacht, die auf beiden Seiten ungeheure Verluste verursachte, beruhte auf einem Plan Erich von Falkenhayns, des Nachfolgers des an der Marne gescheiterten Moltke. Er ging von der wohl richtigen Annahme aus, Verdun habe für die Franzosen eine so hohe symbolische Bedeutung, dass sie alles tun würden, um die Festungen in jenem Frontabschnitt nicht preisgeben zu müssen. Sie würden, so kalkulierte Falkenhayn weiter, dorthin Verstärkungen werfen, und die zu erwartenden Verluste würden ein buchstäbliches Verbluten der französischen Armee bedeuten.

Zur Vorbereitung der Eroberung Verduns zogen die Deutschen an die 1300 Geschütze zusammen, die am 22. Februar 1916 an einem schmalen Frontabschnitt ein wahrliches Höllenfeuer entfachten. Dabei wurden auch Giftgasgranaten eingesetzt. In dem nachfolgenden Infanterieangriff konnten die Deutschen am 25. Februar die Festung Douaumont erobern, deren Umgebung zu diesem Zeitpunkt wie eine Mondlandschaft aussah. Tags darauf wurde der französische General Philippe Pétain mit der weiteren Verteidigung des Abschnitts beauftragt. Er brachte alle greifbaren Geschütze gegen den deutschen Vormarsch in Stellung, deren Granaten nun den Eroberern schwere Verluste zufügten. Frische französische Truppen wurden herangeführt, die den Boden – ungeachtet der Verluste, die sie erlitten – bis zur letzten Patrone verteidigten. Bis zum April standen diese Verluste bei 89 000, während Falkenhayn die schmerzliche Entdeckung machte, dass die der deutschen Seite nur etwas geringer waren.

Der Kampf wogte nun hin und her. Am 29. Mai eroberten die Deutschen eine weitere strategische Stellung mit dem bezeichnenden Namen «Mort Homme». Acht Tage später fiel die Festung Vaux. Aber die Franzosen gaben nicht auf, und am 2. Juli musste Falkenhayn die Offensive einstellen. Der Durchbruch und das vom Kaiser am 1. April vorschnell erklärte Ende des Krieges wurden nicht erreicht. Im Gegenteil, in den folgenden Monaten konnten die Franzosen die Festungen Vaux und Douaumont zurückerobern. Insgesamt verloren beide Seiten je eine halbe Million Soldaten. Sie verschossen an die 40 Millionen Granaten.

Der Hauptgrund für den Abbruch der Schlacht bei Verdun durch die Deutschen ist in einer Entlastungsoffensive zu suchen, die die Engländer ab dem 24. Juni an der Somme starteten. Auf die riesigen Kosten an «Menschenmaterial», das diese Schlacht verschlang, ist bereits hingewiesen worden: 60 000 auf britischer Seite am ersten Angriffstag; über eine Million bis zum Ende des Kampfes im Herbst 1916.

Für ein Verständnis dieser Verlustzahlen ist jedoch auch die Evolution der Taktik an der Westfront bedeutsam. Ähnlich wie Falkenhayn bei Verdun, planten die Engländer unter General Rawlinson einen tagelangen Artillerieangriff. Zu diesem Zweck hatte er über 1400 Geschütze an einem ca. 20 Kilometer langen Frontabschnitt aufgestellt. In den letzten Junitagen regneten dann an die 1,5 Millionen Granaten auf die deutschen Stellungen nieder. Rawlinson nahm an, dass nach diesem Bombardement auf der deutschen Seite alles Leben ausgelöscht sei. Die britischen Truppen brauchten seiner Ansicht nach nur durch das Niemandsland mit seinen Stacheldrahtverhauen zu den deutschen Gräben zu stürmen und von dort weiter gen Osten bis zur Kapitulation des Kaisers.

Was die Alliierten jedoch ungenügend berücksichtigt hatten, war, dass an der Somme seit 1914 wenig gekämpft worden war. Die deutsche Seite hatte diese relative Ruhe benutzt, um das Grabensystem auszubauen und sehr tiefe Unterstände für die Mannschaften auszuheben. Hier lebten sie wie die Maulwürfe und überlebten Rawlinsons Artilleriebombardement. Als die Briten am 1. Juli 1916 zum Sturmangriff ansetzten, pflanzten ihre Gegner, aus den Unterständen hervorgekrochen, schnell ihre MGs auf und mähten den Feind reihenweise nieder. Was deren Verluste noch erhöhte, war die Entscheidung Rawlinsons, seine Männer in Wellen hinauszuschicken. So kam es, dass von den 60 000, die mit den ersten Wellen durchs Niemandsland stürmten, die Hälfte innerhalb einer halben Stunde entweder getötet oder verwundet in die Granattrichter fiel. Die Verteidiger verloren derweil 8000 Mann. Bis zum 29. Juli kamen in erneuten Durchbruchsversuchen weitere 90 000 Briten hinzu – genug, um die Kabinettsmitglieder in London sehr nervös zu machen, die mit solchen Verlustzahlen nie gerechnet hatten und die Tragödie nun der Bevölkerung in der Heimat erklären mussten.

Doch das Sterben ging bei Verdun und an der Somme nicht nur während des Herbstes 1916 weiter. Es fanden sich andere Generäle, die das Rezept zum Sieg gefunden zu haben glaubten. So überzeugte General Robert Nivelle, der Mitte Dezember der neue französische Kommandeur im Westen geworden war, die Politiker, dass er im Jahre 1917 den siegreichen Durchbruch werde erzwingen können. Im April begann er daher seine große Offensive bei Chemins des Dames zwischen Soissons und Reims. Durch die Erfahrungen seiner Vorgänger gewarnt, hatte er Verluste von 15 000 Mann vorhergesagt. Doch dann stiegen diese sehr schnell auf 100 000, so dass auch dieser Angriff abgebrochen werden musste.

Historiker haben seit Jahren eine Antwort auf die Frage zu finden versucht, warum Soldaten auf beiden Seiten bei einem Sturmangriff mit aufgepflanztem Bajonett sehenden Auges in den sicheren Tod rannten. Sie haben auch gefragt, wieso sie bereit waren, während der oft langen Pausen mit geringer Kampftätigkeit in den Schützengräben zu hocken, umgeben von Leichen, Ratten, Läusen und Schlamm. Gewiss hat der amerikanische Historiker Jay Winter Recht, wenn er den kameradschaftlichen Zusammenhalt, Pflicht- und Ehrgefühl sowie der Vaterlandsliebe einen hohen Stellenwert einräumte. Hinzu kam sicherlich auch das militärische Disziplinarrecht, unter dem sie alle standen und das die Befehlsverweigerung schwer ahndete. Aus allen diesen Gründen ist die Zahl der wegen militärischer Vergehen Abgeurteilten und Hingerichteten relativ gering geblieben. Die höchsten Ziffern erreichte Italien, wo man 4028 Todesurteile verhängte, von denen 750 ausgeführt wurden. Die Engländer folgten mit 3080 bei 346 Exekutionen und die Franzosen mit 2000 und 700 Hinrichtungen. Die geringsten Ziffern wiesen die Deutschen auf: 150 Todesurteile, von denen 48 vollstreckt wurden. Das deutet darauf hin, dass die meisten Soldaten die Gefahren ihres Frontlebens bereitwillig ertrugen und die Drohung mit der Militärgerichtsbarkeit nicht sehr wichtig war.

Indessen, je länger der Krieg dauerte und der immer wieder erhoffte Durchbruch trotz der Millionenopfer weder von der einen noch von der anderen Seite erzielt wurde, desto lauter wurde in den Unterständen und in der Etappe die Frage nach dem Sinn des großen Sterbens. Die Friedenssehnsucht und der Wunsch, endlich nach Hause gehen zu können, wuchs nach den Schlachten des Jahres 1916. Während der Nivelle-Offensive erreichte die Desillusionierung auf der französischen Seite schließlich den Höhepunkt, als es zu Meutereien kam. Dabei war gleichwohl interessant, wie die Betreffenden ihre Weigerung rechtfertigten. Sie gaben an, sich im Streik gegen die Urlaubspraxis der Armee und die Verproviantierung zu befinden. Sie waren nicht gegen den Krieg an sich, sondern angesichts der hohen Verluste gegen eine Fortführung der von Nivelle befohlenen tödlichen Sturmangriffe. Die Reaktion des französischen Oberkommandos war schnell und hart. Die «Streiks» wurden so prompt unterdrückt, dass sie der deutschen Seite völlig entgingen. An die 49 Soldaten wurden hingerichtet. Nivelle verlor zwar nicht seinen Kopf, wurde aber durch Pétain ersetzt.

An der Ostfront waren die Erfahrungen der feindlichen Armeen inzwischen kaum weniger demoralisierend. Der Ausgang der Marne-Schlacht und der Beginn des Stellungskrieges im Westen bedeuteten, dass der große Transfer von Truppen nach Osten nicht stattfand. Nicht weniger bedrohlich war für den Zweibund, dass die Russen ihre Armeen schneller an die Front warfen, als man nach Moltkes Plänen angenommen

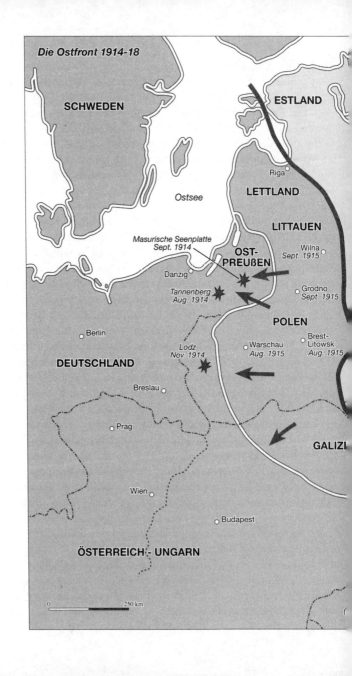

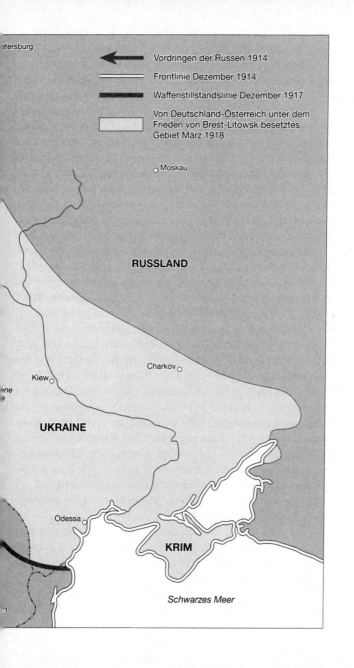

petersburg

Vordringen der Russen 1914

Frontlinie Dezember 1914

Waffenstillstandslinie Dezember 1917

Von Deutschland-Österreich unter dem
Frieden von Brest-Litowsk besetztes
Gebiet März 1918

○ Moskau

RUSSLAND

Charkov ○

Kiew ○

ne

UKRAINE

Odessa ○

KRIM

Schwarzes Meer

hatte. Schon Mitte August 1914 bedrohten sie Ostpreußen und stießen nördlich und südlich der Masurischen Seen nach Westen vor. Doch dann gelang es dem reaktivierten General Paul von Hindenburg in kühnen Manövern, die schlecht geführten und ausgebildeten russischen Truppen bei Tannenberg in die Flucht zu schlagen. Auch in der eine Woche später beginnenden Schlacht bei den Masurischen Seen trugen die Deutschen den Sieg davon. Im Oktober begann der Gegenangriff auf die polnischen Territorien des Zarenreichs, der im Dezember nach weiteren Gebietsgewinnen abgebrochen wurde.

Derweil führten die Russen und Habsburger weiter im Süden einen noch blutigeren Bewegungskrieg, bei dem die Zarenarmeen erst den österreichisch-ungarischen Angriff stoppten und dann zurückrollten, bis sie die Festung Przemysl belagerten, ohne sie einnehmen zu können. Innerhalb von drei Tagen kamen dabei 10 000 Russen um. Dann ereilte die Habsburger dasselbe Schicksal: Als sie der Armee von Alexei Brussilow nachsetzten, stellte sich schnell heraus, dass die Truppen des Generals Viktor Dankl von Krasnik zu schwach waren und nun ihrerseits zum Rückzug gezwungen waren. Bei diesen Kämpfen verlor Dankl über 40 000 Mann. Eine deutsche Hilfe war dringend erforderlich. Zwar konnte Berlin dem geschwächten Bündnispartner nicht die versprochenen Divisionen aus dem Westen schicken, dafür aber brachten die weiteren Erfolge Hindenburgs im Norden Entlastung. Nach den letzten Gefechten im Mai 1915, die auf russischer Seite 150 000 Tote, 680 000 Verwundete und 900 000 Kriegsgefangene mit sich brachten, konnte die deutsche Frontlinie weit nach Osten und Nordosten ins Baltikum vorgeschoben und ein relativ stabiles Besatzungsregime errichtet werden.

Bei Ende des Jahres standen die Verluste auf deutscher Seite bei 100 000. Petrograd bestätigte offiziell eine Zahl von 530 000 Gefallenen und Verwundeten. Darüber hinaus muss man sich die logistischen Probleme vorstellen, die die insgesamt 2 Millionen Kriegsgefangenen bereiteten, die man schon im Winter 1914/15 auf beiden Seiten gemacht hatte und die jetzt versorgt werden mussten.

Das Jahr 1915 zeigte, wie sich die Totalisierung des Krieges allein an den Fronten beschleunigt hatte. Mit dem Übertritt Roms in das Lager der Alliierten begann jetzt auch der Kampf in den Alpen. Mitte Juni 1915 hatten die Italiener unter General Luigi Cadorna am Isonzo an die 460 000 Mann zusammengezogen. In den folgenden Wochen kam es dort zu erbitterten Gefechten, in denen die Italiener bis zum August 57 000 Mann verloren. Die Zahl der Vermissten und Gefangenen belief sich auf 200 000. Nach zwei weiteren Schlachten am Isonzo waren beide Seiten so erschöpft, dass auch dort der Stellungskrieg begann. Derweil kam es weiter im Norden in Galizien zu erneuten Problemen. Trotz der horrenden Verluste des Vorjahres besaßen die Russen ein so großes Rekrutenpotenzial, dass sie immer wieder frische Truppen an ihre galizische Westgrenze werfen konnten. Obwohl die russischen Bauern-Soldaten oft nicht einmal ein funktionierendes Gewehr in der Hand hatten, waren die österreichisch-ungarischen Verluste des Jahres 1915 für Generalstabschef Conrad deprimierend: 2,1 Millionen, von denen an die 770 000 dem Gegner als Kriegsgefangene in die Hände fielen.

Auch 1916 wogten die Kämpfe in Wolhynien und Galizien hin und her – ein Bewegungskrieg, dessen Verlustziffern kaum weniger erschreckend waren als die des Grabenkriegs in Frankreich. Das gilt besonders für die große Offensive, die Brussilow im Juni begann und die die Habsburger erneut in Bedrängnis brachte. Nach neueren Schätzungen verlor Wien damals weitere 750 000 Mann, von denen die Hälfte in Kriegsgefangenschaft geriet.

Es ist nicht schwer, sich auszumalen, wie erschütternd das Hin und Her des Ostkrieges auf die Moral der Soldaten wirkte. Die Fehler, die Inkompetenz und auch die Korruptheit ihrer Generäle blieben ihnen nicht verborgen. Ihr Leben, ob beim Vormarsch oder auf dem Rückzug, war infolge schlechter Versorgung so miserabel wie das derjenigen, die im Westen angespannt in den nassen Gräben und Unterständen hockten. Hinzu kam der Anblick verzweifelter Flüchtlinge. Allein im deutschen Besatzungsgebiet im Norden der Ostfront verließen vier Millionen Menschen ihre Wohnungen. Verbitternd wirkten auch die zerstörten Dörfer. Denn um dem Gegner Ressourcen vorzuenthalten und dessen Vormarsch zu verlangsamen, griff man häufig zu einer Politik der verbrannten Erde. Angesichts des Massensterbens an den Fronten im Osten und Süden und des Elends der Zivilisten, die häufig zwischen die Gefechtslinien gerieten, machte sich auch hier eine Desillusionierung und Friedenssehnsucht breit. Sie manifestierte sich bis 1917 weniger in Meutereien, wie sie die französische Armee erlebte, sondern mehr in den hohen Kriegsgefangenenzahlen. Viele Russen und Rekruten aus dem Habsburger Reich zogen die Gefangenschaft dem Tod oder der Verwundung vor und gaben damit ihrem Protest gegen die Fortsetzung auf eine andere Weise Ausdruck. Unter den Zurückbleibenden wuchs inzwischen die Neigung, die Bestimmung des Kriegsendes nicht mehr allein ihren politischen und militärischen Führern zu überlassen.

3. Die Totalisierung des Krieges an der Heimatfront

Während Millionen von Männern im August 1914 weitgehend ahnungslos über das ihnen Bevorstehende an die Front zogen, war von der späteren Totalisierung des Krieges auch in der Heimat anfangs noch wenig zu spüren. Gewiss, die Kriegsbegeisterung wurde bei vielen durch dunkle Ahnungen und die Furcht vor den unvermeidlichen Todesbenachrichtigungen gedämpft. Es kam vielerorts auch zu einem Run auf die Banken. Vor allem die Mittelklassen, die Ersparnisse hatten, kauften auf Vorrat ein. Unter dem ersten Schock der Mobilmachungen stieg in den Städten kurzfristig auch die Arbeitslosigkeit. Bald schon wurden aber nicht nur Arbeitskräfte benötigt, um die leeren Stellen der Eingezogenen zu füllen. Die Fabriken suchten nach zusätzlichen Arbeitskräften, um die Bestellungen der Armee mit ihrem großen Bedarf an Waren und Lebensmitteln aller Art zu befriedigen. So kam es, dass die Leicester Boot and Shoe Operatives Union in England Ende 1914 feststellen konnte, dass zum ersten Male in der Geschichte dieser Gewerkschaft keines ihrer Mitglieder Arbeitslosenunterstützung bezog. Und je mehr sich der Krieg in die Länge zog und Soldaten verschlang, desto größer wurde einerseits die Suche nach abkömmlichen Arbeitern für die Front und andererseits das Drängen der Unternehmer, die Produktion nicht durch einen allzu großen Abzug der Arbeitskräfte zu gefährden.

Eine der wichtigsten Folgen dieser Entwicklung – mit tiefgreifenden Folgen auch für die Nachkriegszeit – war, dass die Frauenarbeit sich ausbreitete. Zwar war der Anteil der arbeitenden Frauen in den Industrieländern Westeuropas schon vor 1914 relativ hoch. In Deutschland betrug er rund 30 %. In England waren vor dem Kriege an die 3,3 Millionen Frauen in Industrie und Handel und weitere 1,6 Millionen als Hausangestellte beschäftigt. Bis 1918 hatte sich die Ziffer für die erste Kategorie auf 4,8 Millionen erhöht. Hingegen war die Zahl der Hausangestellten auf 1,2 Millionen gesunken. Gleichwohl ergibt sich ein Zuwachs während der Kriegsjahre von 1,1 Millionen. Auch in Frankreich stieg der Satz der arbeitenden Frauen auf 33 %, in Russland gar auf 43,2 %. Die Firma Krupp in Essen, die vor 1914 weniger als 3000 Frauen beschäftigte, hatte im Januar 1918 28 000 Arbeiterinnen und Angestellte.

Ein Grund für diesen Anstieg der Frauenarbeit war ein durchaus materieller: Je länger der Krieg dauerte, desto stärker machte sich die durch ihn heraufbeschworene Inflation im Haushaltsbudget bemerkbar. Unter diesen Umständen hatten viele Frauen keine andere Wahl, als in die Fabrik zu gehen, zumal wenn ihre Männer eingezogen, und erst recht, wenn sie gefallen waren. Denn die Entschädigungen, die der Staat den Soldatenfamilien zahlte, waren zu gering, um das Lebenswichtigste zu bezahlen. In dieser Beziehung waren die Kriegerwitwen besonders schwer betroffen. Zu ihren seelischen Schmerzen und der Aufgabe, ihren Kindern den Tod des Vaters zu erklären und bewältigen zu helfen, kamen noch die wirtschaftlichen Sorgen.

Über die Lage italienischer Kriegerwitwen, von denen es etwa 200 000 gab, wissen wir, dass sie statt einer Rente zuerst nur eine kleine Kompensationszahlung erhielten, von der dann auch noch 10 % von der Steuerbehörde einbehalten wurden. Erst mit der Gründung der «Associazione Madri e Vedove dei Caduti in

Guerra» brauchten sich diese Frauen nicht mehr allein auf individuelle Bittgesuche an den Staat zu verlassen, sondern hatten
ein gemeinsames Sprachrohr. Doch auch die Rente, die jetzt ge-
zahlt wurde, blieb während des Krieges sehr schmal. So erhielt
eine kinderlose Witwe 630 Lira pro Jahr. Das zusätzliche Kindergeld bei bis zu fünf Kindern erhöhte diese Summe bis 1918
um nur 150 Lira auf 780. Eine Angleichung an die Inflationsrate
fand nicht statt. In England bewilligten die Behörden bis zum
März 1919 an die 190 000 Witwen- und 10 000 Waisenrenten.
Später stieg die Zahl der Letzteren auf rund 350 000.

Indessen lässt sich der Anstieg der Frauenarbeit nicht nur mit
der wirtschaftlichen Not der Unterschichten erklären. Vielmehr
betrachteten viele Frauen ihre Entscheidung, erwerbstätig zu
sein, auch als patriotische Tat. In der Produktion von Kriegsmaterial oder als Helferinnen in den Ministerien und Organisationen erbrachten sie ihren Beitrag zu den unaufhaltsam steigenden Kriegsanstrengungen. Einige bezahlten ihre Arbeit mit ihrem Leben, da es vor allem bei der Munitionsproduktion immer
wieder zu schweren Explosionsunfällen kam. Das patriotische
Argument galt in besonderem Maße für die vielen meist unver-
heirateten und jungen Frauen, die sich als Schwestern und medi-
zinische Assistentinnen in den Lazaretten verdingten. Was sie
dort erlebten, wenn sie jungen Männern bei der physischen und
seelischen Bewältigung einer Amputation halfen oder ihnen in
hoffnungslosen Fällen das Sterben fern von der Familie erleich-
terten, erforderte große innere Stärke. Aus den Memoiren, die
einige dieser Frauen nach dem Weltkrieg veröffentlichten, ist bekannt, welch schwere Aufgabe sie übernommen hatten, die sie
zugleich trauriger und selbstbewusster machte.

Nicht alle von ihnen waren überzeugte Feministinnen. Aber
es war doch klar, dass sich für sie das alte patriarchalische Verhältnis von Mann und Frau durch den Weltkrieg verändert
hatte. Eine Folge davon war, dass sie – wie immer der Krieg für
ihr Land auch ausging – eine größere Teilhabe an Gesellschaft
und Politik zu erringen hofften. In dieser Beziehung entstand ein
Erwartungsdruck, den Hugenberg 1914 im Hinblick auf die
von der Front heimkehrenden Arbeiter und deren Gleichberech-

tigungsforderungen vorhergesehen hatte. Auch Frauen drängten jetzt mehr denn je und unter Hinweis auf ihren Beitrag
zum Krieg auf politische und rechtliche Gleichstellung. Allerdings wurden diese Ziele nach 1918 nur teilweise erreicht. Wohl
wurde in Russland, Deutschland und Österreich auch Frauen
das Wahlrecht zugestanden. Engländerinnen mussten bis 1928,
Französinnen gar bis zum Ende des Zweiten Weltkrieges warten, um als volle Bürgerinnen anerkannt zu werden.

Auch die beruflichen Hoffnungen, die sich durch ihre Arbeit
im Kriege erhöht hatten, erfüllten sich nicht. Glaubten sie, ihre
Stellung auf Dauer errungen zu haben, so mussten sie nach 1918
erfahren, wie ihr Arbeitsplatz an einen der Männer ging, die nun
von der Front zurückkehrten. Auch innerhalb der Familie versuchten die Männer, die Uhr zurückzustellen und die fast überall
in Europa vor 1914 bestehenden Geschlechterverhältnisse
wiederzuerrichten. In Zeitungen, Zeitschriften und Büchern liefen die Kampagnen gegen die emanzipierte «moderne» Frau, die
Partnerschaft und eine bis dahin nicht gewährte Unabhängigkeit forderte; die selbstständig und sportlich war; die Zigaretten
rauchte und Motorrad fuhr. Für viele Männer waren dies Schre-
ckensbilder, die in ihren Augen bewiesen, wie weit der Weltkrieg
herkömmliche Gesellschaftsnormen und Konventionen untergraben hatte.

Doch sind wir mit diesen Beobachtungen sozialen Wandels in
die Nachkriegszeit vorausgeeilt. Mochte es ansatzweise schon
vor 1918 um die Veränderung der Geschlechterverhältnisse gehen, Fragen der freien Lebensgestaltung waren damals weitaus
weniger wichtig als die Notwendigkeit, für das Wohl der Familie zu sorgen. Soweit dies vom Zugang zu Lebensmitteln abhing,
war eine halbwegs menschliche Existenz in England und auch
im nicht besetzten Frankreich weitaus eher garantiert als in Zentraleuropa oder Russland. Im britischen Königreich hatte der
Beginn des Krieges sogar einen paradoxen Effekt. Bis Ende 1914
herrschte dort noch genügend Prosperität, um gar eine erhöhte
Nachfrage, z. B. bei Kinderschuhen, hervorzurufen.

Auch in der Freizeitgestaltung gab es zunächst keine radikalen Veränderungen. Die Oberschichten gingen weiterhin zur

Fasanenjagd und spielten Cricket; das «gemeine Volk» ver-
gnügte sich im Fußballstadion oder beim Windhundrennen.
Nur bei den Öffnungszeiten der Kneipen wurden die englischen
Städte von der Regierung schon früh ermächtigt, das Ende des
Bierausschanks um 21 Uhr zu verordnen. Einige Städte führten
neue Öffnungszeiten schon bald nach Kriegsbeginn ein, wohl
auch um dem Alkoholkonsum unter Fronturlaubern oder Rekruten aus nahe gelegenen Garnisonen eine Grenze zu setzen.

Doch dann legte sich angesichts der hohen Verlustzahlen
schon bald eine bleierne Traurigkeit über die britischen Städte
und Dörfer. Mehr und mehr Familien trugen Trauerflor. Man
stand sich bei; man verzichtete; man war bereit, im Wissen um
die Opfer der Soldaten an der Front selber Opfer zu bringen.
Der kleine nachbarliche Scherz wurde durch gemeinsam ver-
gossene Tränen und tröstende Worte verdrängt.

Was jenseits solcher nachbarlichen Solidaritäten die Stimmung der Bevölkerung in Großbritannien sicherlich auch stärk-
te, war, dass die Versorgung, anders als in Zentraleuropa,
nie zusammenbrach. Zwar hatten die Deutschen mit ihrem
U-Boot-Krieg darauf gehofft, den Feind auszuhungern. Aber die
Lebensmittelzufuhr aus Übersee und vor allem von Getreide
kam nie zum Erliegen. Konvois brachten die Dampfer heil über
den Atlantik, und der Anbau von Getreide und Kartoffeln im
eigenen Lande wurde angekurbelt. Rationierungen und Zutei-
lungen, die freilich nie sehr systematisch waren, taten ein Übri-
ges, um die Bevölkerung im Großen und Ganzen zufrieden zu
stellen. Das Wetter spielte auch mit. Gab es in der ersten Hälfte
des Jahres 1917 eine Kartoffelknappheit, so wurde diese durch
die nachfolgende gute Ernte schnell beseitigt.

Wenn es zu Protesten kam, richteten sich diese nicht gegen die
Regierung, sondern gegen Einzelhändler, die in den Verdacht
gerieten, Lebensmittel zu horten. Im Jahre 1918 wurde ein La-
denbesitzer von Demonstranten aufgefordert, Margarine zum
Verkauf zur Verfügung zu stellen, woraufhin die Polizei ihn
zwang, seinen Keller zu öffnen und die Margarine den Warten-
den anzubieten. Andere Proteste richteten sich gegen Preistreiberei. Im Januar 1918 demonstrierten Arbeiter aus den Muni-

tionsfabriken von Manchester vor dem dortigen Rathaus für ein zentralisiertes Zuteilungssystem.

Dem amerikanischen Historiker Jay Winter zufolge verbesserte sich die Volksgesundheit in England gar, weil vor allem jungen Menschen eine ausgewogenere Diät zuteil wurde, die die Behörden z. B. in den Ganztagsschulen zur Verfügung stellten. Dahinter stand die peinliche Entdeckung vieler Musterungsärzte, dass Rekruten aus den Slums der Industriestädte oft so unterernährt waren, dass sie als frontuntauglich eingestuft werden mussten. Die Reaktion der alarmierten Behörden darauf war, eine bessere Ernährung zu propagieren. So kam es zu der paradoxen Situation, dass die Kindersterblichkeit in England und Wales von 100 Indexpunkten im Jahre 1911/13 auf 87 Punkte im Jahre 1918 zurückging, während die Zwanzigjährigen an der Front wie die Fliegen starben.

Zusammenfassend lässt sich für die britische Heimatfront daher sagen, dass das Leben aufgrund der Teuerung zwar schwerer geworden war. Aber wenn London die diversen Versuche, einen Kompromissfrieden zu schließen, nicht ernsthaft verfolgte, so lag dies auch daran, dass die Stimmung in der Bevölkerung relativ gut blieb und sie daher weit weniger als die Menschen in Zentraleuropa bereit war, einen solchen Frieden zu unterstützen.

Soweit es die Standhaftigkeit seiner Bevölkerung betraf, hatte Frankreich den Vorteil, dass sein Agrarsektor noch sehr groß war. Im Gegensatz zu Deutschland und England lebte die Mehrheit der Franzosen nicht von der Industrie, sondern von der Landwirtschaft und konnte sich daher relativ gut selbst und auch den Strom der Flüchtlinge aus dem Norden versorgen. Von der Versorgungsfrage her gesehen, verlief die Entwicklung an der Heimatfront daher ähnlich wie in Großbritannien. Mochte während der Marne-Schlacht und gelegentlich auch später eine Panikstimmung geherrscht haben, man war doch stolz auf die Leistungen der Armee, die einen gefährlichen Angreifer gestoppt hatte. Nach dem Eintritt Amerikas stieg die Zuversicht, dass man den Sieg über die «Boches» eines Tages schon erringen werde. Auch die seelischen Kräfte der vielen kleinen Gemeinden, mit den bald täglich eintreffendenTodesnachrichten fertig zu werden, müssen hoch veranschlagt werden. Man hielt einfach zusammen – auch in den Rüstungsfabriken und Arbeitervierteln, wo die sozialistische Bewegung schon vor 1914 stark gewesen war und wo, wie überall in Europa, eine wachsende Zahl von Frauen an die Fließbänder und Drehbänke trat. Schließlich stabilisierte es auch die Stimmung der Heimatfront, dass man von eindrucksvollen Politikern wie Clemenceau geführt wurde und das Vertrauen in die Lebens- und Arbeitsfähigkeit des politischen Systems, ähnlich wie in England, nicht verloren ging.

Anders als in England und Frankreich hatte der Krieg an der deutschen Heimatfront schon im Herbst 1914 sehr bittere Folgen. Die Ernährungslage verschlechterte sich nämlich bald nach Kriegsausbruch ganz rapide, während die Todesmeldungen von der Front massiv in die Gemeinden flatterten. Die von den Engländern sofort verhängte Seeblockade wirkte sich für das Reich katastrophal aus. Nicht allein, dass der Außenhandel, der dem Lande bis 1914 so viel Wohlstand beschert hatte, völlig zusammenbrach und Millionenverluste verursachte, auch infolge der Beschlagnahme von Handelsschiffen, Patenten und deutschem Eigentum in Übersee. Vielmehr wurde auch die Einfuhr von Rohstoffen und Lebensmitteln unterbrochen. Auf die Krise, die der fehlende chilenische Salpeter zunächst für die Munitionsherstellung brachte, ist bereits hingewiesen worden.

Für den Durchschnittsbürger machte sich dagegen der Mangel an Brotgetreide am schmerzlichsten bemerkbar. Die Produktion fiel bis 1917 um 42,8 %. Für diese Krise waren mehrere Faktoren verantwortlich. Da war als Erstes die Maxime, dass die Proviantierung der Armee absoluten Vorrang vor der Versorgung der Zivilbevölkerung hatte. Der militärische Bedarf war enorm, wenn man bedenkt, dass ein Armeekorps monatlich 660 000 Laibe Brot und 500 000 Kilo Fleisch verbrauchte. Die Landwirtschaft hatte schon vor 1914 nicht genügend Getreide produziert und konnte und wollte sich darüber hinaus nicht einfach auf den Ackerbau umstellen. Das Land brauchte weiterhin Milch- und Fleischprodukte, obwohl durch die Viehhaltung dem Markt weiteres Brotgetreide entzogen wurde. Der Kartoffelanbau bot eine Alternative zur Getreideproduktion, aber die frühen und harten Winter von 1914/15 und noch mehr der folgenden Jahre führten zu schlechten Ernten.

In Vergleich zu England und Frankreich, wo es gelang, zusammen mit einer adäquaten Lebensmittelversorgung eine die Bevölkerung einigermaßen zufrieden stellende Organisation und Aufsicht zu entwickeln, sahen sich die deutschen Behörden mit schier unlösbaren Verteilungskonflikten konfrontiert. Selbst wenn sie effizienter gewesen wären, angesichts der akuten Lebensmitteldefizite, die bald auch das Fleisch und die Milchprodukte erfassten, ging es in Deutschland immer nur um eine unmögliche Quadratur des Kreises. Keine Bürokratie der Welt hätte dieses Problem lösen können.

Unter diesen Umständen wäre zu erwarten gewesen, dass die Behörden von Anfang an zur Hauptzielscheibe der öffentlichen Kritik wurden. In der zweiten Kriegshälfte war dies denn auch mehr und mehr der Fall. Bis dahin gelang es jedoch vor allem den Stadtverwaltungen, als die Fürsorglichen zu erscheinen, die allein das Wohlbefinden der Zivilbevölkerung im Auge hatten. So kam es – und dies bedeutete nicht, dass die Behörden eine derartige Entwicklung bewusst und zynisch inaugurierten – zu einer Suche nach nichtbehördlichen Sündenböcken. Im Herbst 1914 waren dies zuerst die so genannten Kriegerfrauen, deren Männer eingezogen worden waren und die eine Unterstützung sowie ein Kindergeld erhielten. Es scheint, dass viele dieser Frauen, soweit sie aus dem gutsituierten Bürgertum stammten, dieses Geld für den schon lange vor 1914 beliebten Ausgang in eines der vielen Cafés ausgaben, wo sie sich bei Kaffee und Kuchen mit ihren Freundinnen trafen.

Das erregte den Zorn derjenigen, die sich solche Stunden nicht leisten konnten, entweder weil sie arbeiten mussten oder nicht das Geld zum Kaffeeklatsch hatten. Mit dem Argument, dass statt Kuchen lieber mehr Brot gebacken werden sollte und Grundnahrungsmittel mit Hilfe der Behörden gerechter verteilt werden müssten, kam es schon im Herbst 1914 nicht nur zu Protesten gegen die schlechte Brotversorgung, sondern auch

gegen die Kriegerfrauen. Hatte «Vater Staat» geglaubt, mit den
Unterstützungen eine Lösung für die zurückgebliebenen Familien gefunden zu haben, wurde sein Blick durch die Demonstranten jetzt auf die Versorgung der «Minderbemittelten» ge-
lenkt.

Als auch deren vorrangige Versorgung nicht besser wurde
und viele der Kriegerfrauen infolge des Massensterbens an der
Front selber in Not geraten waren, richtete sich das Ressenti-
ment zunehmend gegen die Produzenten, die des Hortens und
der Preistreiberei bezichtigt wurden. Die Teuerung fraß die ge-
ringen Haushaltsmittel für das tägliche Essen einfach auf. Als
Ausweg wurden Massenspeisungen eingerichtet, wo Bedürftige
wenigstens eine reguläre Mahlzeit erhalten konnten.

Soziale Spannungen, die das nationale Zusammengehörig-
keitsgefühl immer gefährlicher untergruben, gab es bald jedoch nicht nur zwischen Stadt und Land, zwischen Produzenten
und Konsumenten. Sie entstanden auch zwischen besser situier-
ten Bürgern mit Sparkonten, die sich die notwendigen Lebensmittel zu überhöhten Preisen auf dem schwarzen Markt besor-
gen konnten, und «Minderbemittelten» und Schwerarbeitern,
vor allem in der Rüstungsindustrie, die bei der Zuteilung von
Marken, die bald für alle Lebensmittel erforderlich waren,
bevorzugt wurden. Das Bemühen der Behörden, immer auf
der Seite der Mehrheit zu stehen und auf diese Weise die wachsenden Proteste und Demonstrationen einzuhegen, war angesichts des objektiv bestehenden Lebensmitteldefizits auf lange Sicht vergeblich. Am Ende gerieten sie daher selber in die
Schusslinie, mit Folgen, die im nächsten Kapitel zu schildern
sein werden.

In diesem Konflikt, der sich zunehmend auf eine Konfronta-
tion zwischen der Monarchie und den buchstäblich verhungern-
den Massen zuspitzte, spielten die Frauen eine wichtige Rolle.
Sie hatten schon im Herbst 1914 gegen das Kuchenessen und die
schlechte Versorgung mit Brot und Kartoffeln protestiert. Bald
schon machte die Inflation es ihnen noch schwerer, das in
den Läden Angebotene zu bezahlen. In der Lohnfrage gingen
schließlich die Arbeiterinnen zusammen mit ihren männlichen

Kollegen auf die Straße. Allerdings hatte sich die Regierung im Gegensatz zu England erst 1916/17 entschlossen, Frauen für die Rüstungsindustrie zu rekrutieren. Doch seit dem berüchtigten «Steckrübenwinter», als der Hunger sich immer weiter ausbreitete, schlossen sich auch die Arbeiterinnen den Demonstrationen an. Im Dezember 1917 schrieb eine in Leipzig lebende Australierin: «Wir haben eine seltsame Woche durchgestanden – die schlimmste Woche, die das deutsche Volk bis jetzt erleben musste. Keine Kohle, das elektrische Licht abgestellt, Gas heruntergedreht. ... und praktisch nichts zu essen. Es scheint keine Kartoffeln mehr zu geben. Jeder hat ein halbes Pfund so genannte Kartoffelflocken bekommen. ... Sie scheinen mir getrocknete Kartoffelschalen zu sein. ... Es übersteigt mein Fassungsvermögen, wie die Armen hier zurechtkommen. Jedes Volk dieser Erde würde sich gegen eine Regierung erheben, die es in solches Elend geführt hat, aber diese Leute haben keinen Funken Unternehmungsgeist mehr.» In diesem letzten Punkte irrte sie sich. Der Widerstandswille wurde größer. Unvermeidlich wandelten sich angesichts der allgemeinen Not auch die Forderungen der Frauen und Männer. Bestand man zuerst auf besserer Versorgung, so kam bald der Ruf nach einem Ende des Krieges und nach einer grundsätzlichen Reform des politischen Systems hinzu.

Betrachtet man die Kriegserfahrungen der Zivilbevölkerung weiter östlich, war die Lage in Österreich-Ungarn der deutschen sehr ähnlich. In Wien und anderen Großstädten kam es schon im Oktober 1914 zu Engpässen in der Versorgung. Die Getreideproduktion sank zwischen 1914 und 1917 um 88,2 %. Wie in Deutschland begannen die Bäcker unter Verwendung von Kartoffelmehl Mischbrot zu backen. Im Mai 1915 kam eine Verordnung heraus, die zwei fleischfreie Tage dekretierte. Auch die Bierproduktion wurde zurückgeschraubt, um Getreide zu sparen. Der Verbrauch der Armee war groß, während wichtige Regionen landwirtschaftlicher Produktion vor allem in Galizien wegen der dortigen Kampfhandlungen ausfielen. Im Jahre 1916 war dann die Kartoffelernte sehr schlecht. In Wien wurde über 10 000 Menschen in Kriegsküchen wenigstens eine sättigende

Mahlzeit pro Tag verabreicht. Frauen gingen in die Fabriken, um das schmale Familienbudget aufzubessern.

Inzwischen versuchten die Behörden, der endlosen Krise durch Rationierungen und Preisfestsetzungen Herr zu werden. Die steigende Unzufriedenheit konnten sie mit ihren Maßnahmen freilich nicht eindämmen. Den Protesten vor den Läden und Rathäusern folgten die Demonstrationen von Arbeitern, Arbeiterinnen und Hausfrauen, und im Mai 1917 kam es zu Streiks.

War die Not der Bevölkerungen Zentraleuropas schon groß, die Italiener, die ebenfalls zunehmend auf die Straße gingen, lebten nicht besser. Noch schlimmer erging es den Russen. Hier war es allerdings nicht der objektive Mangel an Lebensmitteln. Diese waren im Prinzip in dem riesigen und hauptsächlich agrarischen Zarenreich in ausreichenden Mengen vorhanden. Umso größer waren die Inkompetenz und die Unfähigkeit der Monarchie, die vorhandenen Ressourcen zu organisieren und zu verteilen. Bis zum Dezember 1915 stiegen die Preise um 78 %. In Russland kam daher die Interaktion zwischen der Politik der staatlichen Organe und den Erfahrungen der Bevölkerung an Front und Heimatfront besonders früh und greifbar ins Spiel. Das Ergebnis war der Zusammenbruch des Zarismus unter dem Druck der Proteste der Bauern-Soldaten an der Front und der Industriearbeiter in den großen Städten. Der Ausbruch der russischen Revolution nahm voraus, wohin die Dialektik von Regierenden und Regierten schließlich auch in den zentraleuropäischen Monarchien führen würde: in die militärische Niederlage und den Umsturz der herkömmlichen politischen Ordnung.

V. Besiegte und «Sieger»

1. Revolution in Russland

Russland war die erste der am Weltkrieg beteiligten Nationen, die zusammenbrach. Schon im Februar 1917 kam es zu einer sozialen Revolution, die schließlich im Oktober die linksradikalen Bolschewisten an die Macht brachte. Deren Führer, Wladimir Iljitch Lenin, nahm die östliche Großmacht dann einige Wochen später aus dem Krieg und stimmte im März 1918 einem per Ultimatum von den Deutschen erzwungenen Friedensvertrag zu.

Fragt man nach den Ursachen dieser die Weltgeschichte verändernden Entwicklung, muss man mit dem Zustand beginnen, in dem sich die russische Armee einerseits und die Zivilbevölkerung andererseits im Winter 1916/17 befanden. Wie bereits erwähnt, besaß Russland im Prinzip die industriellen Rohstoffe und die Agrarbasis, die für eine Bewältigung des sich totalisierenden Krieges erforderlich waren. Die russischen Experten vertrauten auf die offiziellen Berechnungen, wonach die Ernährung sowohl der Truppen als auch der Zivilbevölkerung hinreichend gesichert sei. Eine Hungersnot, wie sie in Deutschland ab 1915 ausbrach, hätte es daher im Zarenreich nicht zu geben brauchen. Was indessen schließlich zur großen Krise führte, war die Unfähigkeit der Armee, angeführt durch Zar Nikolaus II., einen großen Krieg sowohl an der Front als auch an der Heimatfront zu organisieren.

Das zeigte sich zum ersten Mal im Herbst 1914 an der Front, als die Russen trotz haushoher zahlenmäßiger Übermacht die Schlachten bei Tannenberg und den Masurischen Seen unter Riesenopfern verloren. Selbst an Grundausrüstungen haperte es damals, und später lief der Nachschub noch schlechter. Allzu viele der Bauern-Soldaten, die aus den nichteuropäischen Teilen

des Reiches kamen, hatten nicht einmal ein einsatzfähiges Gewehr und wussten oft auch nicht, wofür sie eigentlich kämpften.
Zogen sie daher als treue, aber ahnunglose Untertanen von
«Väterchen Zar» an die Front, neigten sie verständlicherweise
dazu, diesen in erster Linie für die schweren Niederlagen verantwortlich zu machen, die die Armeen im Herbst 1914 und in den
folgenden Jahren immer wieder erlitten. Auch erlebten sie die
Inkompetenz, Rigidität und kostspieligen Fehler ihrer Offiziere
häufig am eigenen Leibe.

Kein Wunder, dass sie wenig Neigung verspürten, bis zur letzten Patrone zu kämpfen. Sah es an ihrem Frontabschnitt mulmig
aus, ergaben sie sich rechtzeitig und in der Hoffnung, als Kriegsgefangene besser behandelt zu werden. So geschah es, dass immer wieder Hunderttausende von Soldaten schlicht kapitulier-
ten, wenn dies nach der militärischen Lage ratsam schien. Hinzu
kam ein weiteres Phänomen: die soziale Distanz zwischen Offizieren einerseits, die oft aus dem Landadel stammten und die
die rücksichtslose Härte gegen ihre Untergebenen für eine Tu-
gend hielten, und den Mannschaften andererseits, die durch
diese Behandlung an die Großgrundbesitzer erinnert wurden,
die die russischen Bauern vor 1914 geschurigelt hatten. So kann
man ohne weiteres verstehen, warum die Kampfmoral des einfachen Soldaten, die nie sehr groß gewesen war, angesichts
wiederholter Niederlagen bis Ende 1916 fast auf den Nullpunkt
gesunken war.

Diese Stimmungen übertrugen sich früher oder später auf ihre
Familien in den Weiten des Landes, zumal auch die Verluste
schließlich auf 1,6 Millionen stiegen und der Krieg auf dem
Wege der Todesbenachrichtigung in die kleinsten Dörfer kam.
Auch die Ungewissheit über das Schicksal der vielen Kriegsgefangenen und Vermissten entfachte weit hinter der Front die
Friedenssehnsucht. Außer den Bauern-Soldaten und ihren Familien, deren bittere Erfahrungen die Armee für einen modernen
Krieg immer ungeeigneter machten, gab es die Arbeiter, die in
den Großstädten und Industrievierteln ein radikales Potenzial
darstellten. Ihr Leben wurde bald durch die mangelnde Versorgung mit Lebensmitteln beeinträchtigt, die zwar im Prinzip vor-

handen waren, aber nicht dorthin kamen, wo sie am meisten gebraucht wurden. Für dieses Chaos machten die Arbeiter und Großstädter zu Recht die Behörden und schließlich die Monarchie selbst verantwortlich. Sehr negativ wirkten auch die vielen Gerüchte über den Einfluss dunkler Kräfte auf den Zaren und seine Frau, voran des Mönchs Rasputin, der bis zu seiner Ermordung am Zarenhof tatsächlich eine sehr unheilvolle Rolle spielte.

So schmolz das Prestige des Regimes, das in den Arbeitervierteln schon in Friedenszeiten nicht sehr groß gewesen war, dahin, und der Graben zwischen der zaristischen Autokratie und der Bevölkerung vertiefte sich. Zwar gab es Kräfte, die zwischen den beiden zu vermitteln und den Zaren zu überreden suchten, wenigstens politische Reformen und für die Nachkriegszeit eine Öffnung des Systems zu versprechen. Dabei ging es nicht um eine Demokratisierung von unten, sondern eher um eine gemäßigte Parlamentarisierung, durch die Institutionen wie den lokalen Semstwos und der Duma, dem Nationalparlament, größere Mitspracherechte gegeben werden sollten.

In diesem Sinne hielt z. B. der liberale Prinz Georgi Lwow Ende 1915 vor der Union der Semstwos eine Rede, in der er offen zugab, dass die Regierungsmaschinerie bankrott und von den durch den Krieg entstandenen Belastungen überwältigt worden sei. Doch, so fuhr er fort, die Vertreter der Semstwos seien in die Bresche gesprungen. Die Geschichte habe ihnen daher eine schwierige Aufgabe auferlegt und sie ans Steuer des Staatsschiffes berufen. Das Land warte nicht nur auf Frieden, sondern auch auf eine Umorganisation, die die Vereinigung aller Kräfte erfordere. Er, Lwow, sei glücklich, über die Einigkeit, die zwischen den Semstwos und den Massen bestehe. Er bedauerte, dass eine ähnliche Solidarität zwischen der zaristischen Regierung und dem Volke nicht auszumachen sei. Gleichwohl sei er gerade auch nach den längeren Bemühungen der Duma als dem nationalen Parlament von der Notwendigkeit überzeugt, dass die Verbindung zum Zarentum hergestellt werden müsse, selbst wenn die Regierung es immer noch für unnötig halte, die Volksvertretungen im Interesse des Endsieges mitarbeiten zu lassen.

Die Duma, so schloss Lwow, müsse daher ihre Arbeit so schnell
wie möglich aufnehmen.

In dieselbe Kerbe hieb ein Jahr später der Präsident der
Duma, Mikail Rodzianko. Er hatte bei einer Inspektionsreise
mit Entsetzen gesehen, wie Verwundete auf Güterwagen behandelt wurden, weil die Lazarettbehörden unfähig waren, Betten
zur Verfügung zu stellen. Als er sich um eine Änderung dieser
Zustände bemühte, stellte er fest, dass der Leiter der Sanitäts-
abteilung sich der Protektion höchster Stellen erfreute. Es sei,
wie Rodzianko empört feststellte, daher unmöglich gewesen,
seine Entlassung zu erwirken. Inzwischen, so fuhr der Präsident
fort, hätten sich auch die Verhältnisse an der Heimatfront ver-
schlimmert. Kriegsgewinnlertum und Korruption hätten riesige
Ausmaße erreicht. Die Lebenshaltungskosten in den Städten
stiegen allein, weil die Transportmittel fehlten. Wenn in den Fabriken aus Protest die Arbeit niedergelegt werde, würden häufig
jene verhaftet, die für Ordnung und die Wiederaufnahme der
Arbeit plädiert hätten.

So verzweifelt sich Lwow und Rodzianko auch um Kurs-
korrekturen und Reformen bemühten, sie stießen beim Zaren
und seinen erzkonservativen Beratern auf Ablehnung. Nikolaus II. äußerte sich gelegentlich zynisch über «den dicken
Rodzianko», auf dessen Rat er gewiss nicht hören werde. Als
sich die Krise immer mehr zuspitzte, fuhr der Zar ins militärische Hauptquartier, wo er isoliert von den Realitäten im Lande
von Reaktionären und Generälen umgeben war, zu deren poli-
tischem Arsenal nur die Peitsche für die Unruhestifter an der
Heimatfront gehörte. Sie alle hatten keine Ahnung von der Verzweiflung und der Desillusionierung der Bauern auf dem Lande
und den Arbeitern in den Städten. Ja, selbst von der schwinden-
den Moral der Truppen hatten sie kaum einen Schimmer.

Waren die Streiks und Demonstrationen 1915 und 1916
noch überwiegend ökonomischer Natur gewesen, so politisierte
sich der Protest im Winter 1916/17 zunehmend. Nach neueren
russischen Berechnungen fanden 1916 über 2300 Streiks mit
1,8 Millionen Teilnehmern statt. Davon waren nur 347 als politisch einzustufen. In den ersten zwei Monaten des Jahres 1917

schnellte die Gesamtzahl auf 751 hoch, von denen 412 politischer Art waren.

Das Ende der russischen Monarchie kam, als im Februar 1917 die Truppen, die gegen die Demonstrationen in Petrograd eingesetzt worden waren, Schießbefehle verweigerten und sich mit der Bevölkerung zu verbrüdern begannen. Zugleich mit der Herrschaft über die Straße verlor Nikolaus II. die Kontrolle über das Parlament. Die Abgeordneten – man stelle sich die Insubordination vor! – weigerten sich, der Auflösungsordre, die der Zar am 26. Februar unterzeichnete, Folge zu leisten. Tags darauf konstituierte sich ein Vollzugskomitee der Duma, in das die Mitglieder eines Progressiven Blocks gewählt wurden. Kurzum, das die Duma dominierende Bürgertum suchte nach einem eigenen Ausweg aus der Krise.

Derweil bemühten sich an diesem Tage auch die demonstrierenden Arbeiter, Ordnung in das Chaos auf den Straßen zu bringen. Dabei griffen sie auf das Vorbild der revolutionären Unruhen des Jahres 1905 zurück. Wie damals bildeten sie spontan Arbeiter- und Soldatenräte (Sowjets), die ebenfalls einen Exekutivrat wählten. Obwohl zunächst in einem Konkurrenzverhältnis zu dem Duma-Komitee stehend, gelang es beiden Institutionen, ihre jeweiligen Ziele – voran die Abdankung des Zaren – zu koordinieren. Eine Delegation wurde ins Hauptquartier bei Pskow geschickt, die den Monarchen zwang, seinen Platz zu räumen. Da auch seine Generäle ihn jetzt im Stich ließen, brach die Monarchie praktisch zusammen. Der Versuch, die Institution des Zarismus zu retten, indem man den Großherzog Mikail als Regenten einsetzte, scheiterte, als dieser erst das Urteil einer verfassunggebenden Versammlung abwarten wollte.

Die Macht lag mit der Abdankung von Nikolaus II. auf der Straße und wurde als Erstes von den meist bürgerlichen Duma-Politikern aufgegriffen. Sie bildeten eine Provisorische Regierung, die mit der Zustimmung der Arbeiter- und Soldaten-Sowjets die verschiedenen Ministerien mit ihrem Stab an Bürokraten übernahmen. Da der Premier der neuen Regierung, Prinz Lwow, die Dinge eher resigniert laufen lassen wollte, gewannen

Außenminister Paul Miljukow und der brillante Redner Alexander Kerensky als Justizminister schnell an Einfluss. Zu den Konzessionen, die die Provisorische Regierung sofort an die Sowjets und die Bevölkerung machte, gehörten die Einführung bürgerlicher Freiheiten und die Entlassung der politischen Gefangenen und sibirischen Exilanten des alten Regimes.

Die Frage war, ob sich die Lage durch eine dauerhafte Zusammenarbeit zwischen der Provisorischen Regierung und den Arbeiter- und Soldatenräten, die für die Massen an Front und Heimatfront zu sprechen beanspruchten, auf der Basis der im Februar geschaffenen Machtverhältnisse stabilisieren ließ oder ob die einmal in Gang gesetzte Dynamik auf noch radikalere Umwälzungen hinarbeitete. Da die Sowjets der Provisorischen Regierung ihre Exekutivbefugnisse nicht sofort streitig machten, standen die Chancen für eine Stabilisierung zunächst nicht schlecht. Doch scheiterte sie schon bald daran, dass Front und Heimatfront, Krieg und Frieden, Innen- und Außenpolitik mehr denn je wie kommunizierende Röhren miteinander verbunden waren.

Obwohl zu diesem Zeitpunkt selbst nicht an einer Machtübernahme interessiert, beobachteten die Sowjets die Entscheidungen der Provisorischen Regierung mit erheblichem Misstrauen, vor allem soweit sie die Armee betrafen. Am Heer hing in erster Linie, ob sich Russland dem Druck der Alliierten beugen und den Krieg gegen den Zweibund weiterführen oder ob es, dem Friedenswunsch der Soldaten und der Bevölkerung folgend, mit Berlin und Wien einen Waffenstillstand abschließen würde. In dem Ringen um die Kommandogewalt über die Armee lösten die Sowjets mit ihrem Befehl Nr. 1 vom 1. März 1917 einen Machtkampf um ebendiese Fragen aus. Diesem Befehl zufolge sollten Sowjets auch in der Armee offiziell eingerichtet und Offiziere von den Mannschaften gewählt werden. Die Verwirrung, die dieser Befehl in der Armee anrichtete, wurde durch eine Rede Miljukows fünf Tage später gesteigert, als der Außenminister ankündigte, Russland werde bis zum siegreichen Ende den Krieg auf Seiten der Alliierten weiterführen.

Der Widerspruch der Sowjets gegen diese Zusicherung ließ

nicht lange auf sich warten. Am 14. März forderten sie in einer an die Völker der ganzen Welt gerichteten Botschaft den sofortigen Friedensschluss. Vierzehn Tage später sah Miljukow, dessen Rede am 5. März auch die Aufrechterhaltung der territorialen Kriegsziele Russlands, vor allem im Hinblick auf die Dardanellen, impliziert hatte, sich gezwungen, einen Frieden ohne Annexionen und Reparationen zu verkünden. Aber der Zwickmühle zwischen den Forderungen der Sowjets und denen der Alliierten war er damit immer noch nicht entronnen. So griff er zu einem Trick, der dann prompt zum Bumerang wurde: In einem geheimen Schreiben beruhigte er die Alliierten, dass seine Regierung weiterhin zu dem Bündnis stehe. Als diese Nachricht kurz darauf an die Öffentlichkeit gelangte, wurde sie als eine Desavouierung des Willens der Sowjets und der Bevölkerung empfunden. Das Schreiben wurde zurückgezogen. Miljukow trat zurück. Die Provisorische Regierung wurde umgebildet, wobei Kerensky das wichtige Kriegsministerium übernahm. Die Affäre bewies, wie stark die Sowjets an Boden gewonnen hatten.

Die Spannungen zwischen der Provisorischen Regierung und den Sowjets in der Armee- und Friedensfrage waren den Deutschen nicht verborgen geblieben. Mit dem Ziel, die innenpolitischen Konflikte zu schüren und den Zusammenbruch der Autorität und damit der russischen Armee herbeizuführen, ermöglichte die OHL einem Mann das freie Geleit aus seinem Schweizer Exil nach Russland, von dem bekannt war, dass er das Land weiter revolutionieren und den Krieg mit dem Zweibund beenden wollte: Lenin. Die Bolschewisten hatten nun einen mitreißenden Führer, der hinfort lautstark «Brot, Land und Frieden» forderte – Schlagworte, die darauf ausgerichtet waren, die hungernden Städter, die unter dem patriarchalischen Agrarsystem leidenden Bauern und die kaum noch kampfeswilligen Truppen auf die Seite der neuen Partei zu ziehen, zumal die von Kerensky Mitte Mai gestartete Kampagne, die Armee für eine erneute Offensive vorzubereiten, deren Verfall lediglich beschleunigte.

Anfang Juli war die Provisorische Regierung zuerst damit beschäftigt, einen bolschewistischen Putschversuch abzuwehren.

Acht Tage später wurde Kerensky Premierminister und ernannte am 18. Juli den General Lawr Kornilow zum Armeeoberbefehlshaber. Es war keine gute Wahl, denn Ende August setzte Kornilow, unterstützt von konterrevolutionären Kräften, zu einem gewaltsamen Coup gegen die Regierung an, der ebenfalls scheiterte. Allerdings zeigte sich bei dieser Gelegenheit, wie schwach das Kerensky-Regime inzwischen war. Nur der Aufruf der Sowjets zum Widerstand, die inzwischen weiter nach links gerutscht waren und mehr und mehr von den Bolschewisten beherrscht wurden, rettete Kerensky. Bezeichnenderweise war es Lenins Kampfgenosse Leo Trotzki, der die Matrosen von Kronstadt aus dem Gefängnis, in das Kerensky ihn nach dem bolschewistischen Putsch geworfen hatte, anwies, gegen Kornilow auszurücken. Ebenso half die Eisenbahnergewerkschaft, den Transport der Kornilow-treuen Truppen vor Petrograd zu stoppen, indem sie die Züge umleitete und die Schienen demolierte. Der Staatsstreich brach zusammen. Kornilow landete im Gefängnis.

Angesichts dieses klaren Ungleichgewichts zwischen der Provisorischen Regierung und den Sowjets, in denen jetzt die Bolschewisten den Ton angaben, entwickelte Lenin einen neuen Plan für eine gewaltsame Machtübernahme. Unter Trotzkis Führung wurde ein Militärischer Revolutionsrat gegründet, der als Kommandozentrale für den am 25. Oktober beginnenden Coup fungierte. Der Winterpalast in Petrograd, in dem Kerensky sich mit seiner Regierung verbarrikadiert hatte, wurde in der Nacht gestürmt. Kerensky konnte in einem als Rote-Kreuz-Wagen getarnten Auto in letzter Minute entkommen. Die Macht lag in den Händen von Lenin und Trotzki.

Diesen musste es jetzt darauf ankommen, ihre Stellung so schnell wie möglich zu festigen, indem sie die Forderungen von «Brot, Land und Frieden», die in der Bevölkerung auf immer größere Zustimmung gestoßen waren, in die Tat umsetzten. Schon am 5. November veröffentlichten die Bolschewisten daher eine Erklärung, in der zu einem schnellen Waffenstillstand aufgerufen wurde. In der Folgezeit sollte dann ein «sofortiger demokratischer Frieden für alle Nationen» ausgearbeitet werden. In der Absicht, jegliches weitere Zusammengehen mit den Alliierten zu kompromittieren, veröffentlichte Trotzki als Außenkommissar des neuen Regimes des Weiteren die Texte der vor 1917 unter den Verbündeten abgeschlossenen Geheimverträge mit den territorialen Kriegszielen. Am 20. November vereinbarte er mit den Deutschen die Einstellung der Kampfhandlungen.

Sechs Wochen später begannen die offiziellen Friedensverhandlungen, die freilich nur langsam vorankamen. Denn die bolschewistische Taktik war entscheidend von der Hoffnung bestimmt, das russische Vorbild würde sowohl die kriegsmüden und radikalisierten Massen in anderen europäischen Ländern als auch die Widerstandsbewegungen in den Kolonialreichen der Westmächte zur Rebellion gegen ihre Regierungen animieren. Betrachtet man die desperaten Zustände in Zentraleuropa, so war diese Hoffnung nicht unbegründet. Mit jeder Woche, die Trotzki durch ein Hinauszögern des Friedensschlusses gewann, schien sich die Aussicht eines Zusammenbruchs der anderen Monarchien und am Ende gar einer Weltrevolution zu erhöhen. Dieses Kalkül blieb den Deutschen nicht verborgen. Ende Februar wurde der OHL die bolschewistische Verhandlungstaktik schließlich zu viel. Sie stellte ein Ultimatum, und als dieses nicht sofort erfüllt wurde, stießen deutsche Truppen gen Osten vor. Was von der russischen Armee noch übrig geblieben war, leistete kaum Widerstand. Am 1. März erreichten die Deutschen Kiew. Lenins Regime drohte zusammenzubrechen. Zwei Tage später unterzeichneten die Bolschewisten in Brest-Litowsk das Vertragsdokument. Im Osten war der Weltkrieg vorüber. Es begann der Bürgerkrieg.

Die deutsche Ostgrenze wurde in Brest-Litowsk um ein riesiges Gebiet von Narwa an der Ostsee im Norden über Mogilew, Kursk, dann entlang des Don bis Rostow und Taganrog am Schwarzen Meer vorgeschoben und von der deutschen Armee besetzt. Dieser «Frieden» ist daher zum einen interessant, weil er zeigt, wie ernst es der OHL mit ihren Kriegszielen war. Hier sollte der östliche Teil des exorbitanten Annexionsprogramms verwirklicht werden, das Deutschland einen «blockadefreien»

Machtblock auf dem europäischen Kontinent zu errichten erlaubte. Brest-Litowsk gab zu erkennen, was die Deutschen im Falle eines Sieges mit Europa gemacht hätten.

Indessen sollte die Besetzung der wirtschaftlich reichen Gebiete im Osten, voran der Ukraine, noch einen weiteren Vorteil bringen: die Möglichkeit, die deutschen Truppen für einen vermeintlich kriegsentscheidenden Durchbruch an der Westfront zu konzentrieren, einschließlich der Kontingente aus Serbien und Italien insgesamt 40 Divisionen mit 600 000 Mann. Die Frühjahrsoffensive, die am 21. März begann, brachte zuerst Terraingewinne in Nordfrankreich von 60 Kilometern. Aber der Zusammenbruch der westalliierten Verteidiger fand nicht statt, nicht zuletzt weil an die 300 000 frische amerikanische Soldaten in die Kämpfe eingreifen konnten. Langsam, aber sicher lief sich die Offensive fest, und am 18. Juli kam es zu den ersten Gegenangriffen der Alliierten. Vier Wochen später brachen die schnell errichteten deutschen Verteidigungslinien ein, und am 29. September teilte die OHL dem Kaiser mit, dass der Krieg verloren sei. Auf alliierter Seite beliefen sich die Verluste auf 320 000; auf der deutschen waren es 230 000.

2. Revolution in Zentraleuropa

Fragt man nach den Gründen für den Zusammenbruch der beiden zentraleuropäischen Monarchien, so sind die Parallelen zum Schicksal des Zarenreichs im Jahr davor frappierend. Auch in Berlin und Wien waren es letztlich die wachsende materielle Not, die Friedenssehnsucht angesichts des Massensterbens und die Verbitterung von Front und Heimatfront über die Verständnislosigkeit der Entscheidungsträger. Auch hier spielte die Distanz zwischen Herrschern und Beherrschten eine wichtige Rolle. Wilhelm II. und seine Berater hatten einfach kein Gefühl für die seelische und materielle Lage der Bevölkerung. Auf der höchsten Ebene kam dies etwa darin zum Ausdruck, dass der Kronprinz unbekümmert seinen großartigen Cecilienhof in Potsdam weiterbaute, während die Arbeiter an der Front ihr Leben hergaben. Die Diskrepanz zwischen «oben» und «unten» zeigte sich auch in der Marine auf der Höhe des Krieges in sehr bezeichnender Weise: Während in der Offiziersmesse der im Hafen liegenden Schlachtschiffe weiterhin getafelt wurde, wurde den Mannschaften eine wässrige, als «Drahtverhau» titulierte Kohlsuppe aufgetischt.

Die Polarisierung der Kräfte, die durch solche und Tausende von anderen kleinen Wirklichkeiten der täglichen Kriegserfahrung unaufhaltsam gefördert wurde, führte schließlich zu einem massiven «Streik» sowohl der Soldaten als auch der Zivilisten, die durch ihren Widerstand in den Straßen der großen Städte und das Verlassen ihrer Schützenlöcher an der Front dem Monarchen und seinen Beratern signalisierten, dass es so nicht weitergehe. Bei dieser schnell anschwellenden Oppositionsbewegung spielten die schlechte und ungleiche Versorgung und das unverminderte Sterben an der Front eine besonders wichtige Rolle. Wie es in der Heimat 1918 materiell aussah, ist bereits geschildert worden. Die Versuche der OHL, ab 1916 durch eine totale Mobilisierung des Arbeits- und Industriepotenzials des Landes einen deutschen Endsieg vorzubereiten, spaltete die Gesellschaft in zwei große und tief verfeindete Lager. Das eine setzte weiterhin alles auf einen «Siegfrieden»; das andere trat für einen sofortigen Waffenstillstand und Kompromiss ein.

Dementspechend nahmen auch die Demonstrationen in den Städten, die zuerst auf eine bessere Versorgung abzielten, mehr und mehr politische Formen an. Dabei wurde die Kriegszielfrage zu einem zentralen und immer hitzigeren Streitpunkt. Bethmann hatte dieses Konfliktpotenzial zu Beginn des Krieges gefürchtet und sich daher lange Zeit bemüht, die Diskussion über Territorialgewinne, von denen viele Unternehmer, Militärs sowie nationalliberale und konservative Politiker träumten, von der Öffentlichkeit fern zu halten. Doch inzwischen war zu der Idee einer Ablenkung von der inneren Krise durch die Proklamierung riesiger Annexionspläne, die Hugenberg so zynisch im November 1914 vorgetragen hatte, bei den Verantwortlichen die Versuchung gekommen, über die Kriegszielfrage an nationalistische Sammlungsinstinkte zu appellieren. An dieser Frage sollte sich erweisen, ob man ein «Reichsfreund» oder ein «vaterlandsloser Geselle» war.

Auch hier zeigte sich eine innenpolitische Seite: Ein Sieg würde eine von Hugenberg angedeutete und von den Konservativen gefürchtete Veränderung der inneren Machtstruktur verhindern; ein Kompromissfrieden würde die Schwäche der Monarchie verdeutlichen und damit reformistischen oder gar revolutionären Kräften Auftrieb geben. Das waren Entwicklungen und Versuchungen, die es in Ansätzen zwar auch in Frankreich und England gab. Doch sahen wir bereits, dass dort der innere Zusammenhalt der Gesellschaft und das Vertrauen in die Entscheidungen der Regierungsträger größer blieben. Das hing mit der Verfassungsstruktur des britischen und französischen Systems zusammen, aber auch damit, dass infolge der besseren Versorgung die Verzweiflung der Bevölkerung nie so groß wurde wie in Zentraleuropa.

Nun gab es – wie auch in Russland – im Reich Kräfte der politischen Mitte, die versuchten, eine Sammlung der Gemäßigten zwischen den beiden Flügeln zu schaffen. Sie wollten mit dem Anpacken oder zumindest dem Versprechen von Verfassungsänderungen und der Formulierung nur moderater Kriegsziele die Siegeszuversicht in breiten Bevölkerungsschichten erhalten. In diesem Zusammenhang sind zum einen die Friedensfühler zu sehen, die Bethmann im Frühjahr 1917 ausstreckte. Er scheiterte indessen nicht nur, wie erwähnt, an der ablehnenden Haltung Londons, sondern auch an der deutschen Wiederaufnahme des uneingeschränkten U-Boot-Krieges. Hier obsiegten die OHL und die sie stützenden konservativen Kräfte, die sich nur einen deutschen Endsieg vorstellen konnten, weil ein solcher die Monarchie zugleich von dem Druck innenpolitischer Reformen entlasten würde.

Aus Bethmanns Perspektive war es daher ganz logisch, dass er 1917 parallel zu seinen außenpolitischen Friedensfühlern die Frage ebendieser Verfassungsreformen in die Diskussion brachte, nachdem die Kriegszieldebatte jetzt doch nicht mehr zurückzudrängen war. Einen ersten Höhepunkt erreichte diese Strategie des Reichskanzlers im April 1917, als er Wilhelm II. zur Verkündung einer Oster-Botschaft überredete. Darin wurde für den Fall eines deutschen Sieges eine Reform des preußischen Wahlrechts versprochen, das bisher die Stimmen sehr ungleich in drei Klassen eingeteilt hatte. Nach den vielen Opfern des Krieges, die alle Bürger Preußens an der Front und Heimatfront erbracht hatten, erschien die Herstellung der Gleichheit an der Wahlurne eine völlig gerechte und gerechtfertigte Konzession. Es war einfach nicht mehr zu vertreten, dass die Stimmen der großen Mehrheit der Wähler in der dritten Kategorie des restriktiven Wahlrechts gegenüber denen der Besitzenden in den höheren Klassen I und II nur einen Bruchteil wert waren.

Folglich sicherte der Kaiser in seiner Botschaft eine Aufhebung der Restriktionen für die Nachkriegszeit zu. Zwar hegte Bethmann keine Hoffnungen, dass dieser Plan bei der auf den Endsieg setzenden OHL und den konservativen Eliten auf Zustimmung treffen würde. Aber er ahnte wohl nicht, dass das Reformversprechen – und mehr war es ja nicht – seine Widersacher so erregen würde, dass sie die Zurücknahme der Botschaft durchsetzten. Die Verschlechterung der inneren und äußeren Lage brachte wiederum den Reichstag auf den Plan, wo verschiedene Abgeordnete die negativen Folgen des U-Boot-Kriegs scharf kritisierten und die Mehrheitsparteien schließlich eine Friedensresolution verabschiedeten. Zutiefst alarmiert, machten die Konservativen und die OHL Bethmann für diese Entwicklungen verantwortlich und veranlassten seine Entlassung durch den Kaiser. An seine Stelle trat Georg Michaelis, ein Geschöpf der OHL.

Wo auf diese Weise eine reaktionäre Machtpolitik getrieben wurde, kann es nicht verwundern, dass sich die ökonomisch motivierten Proteste für eine bessere Versorgung zur gleichen Zeit mehr und mehr politisierten und die enttäuschte Bevölkerung gegen politische Repression, exorbitante Annexionen und die Fortsetzung des Krieges sowie für sofortige Verfassungsreformen demonstrierte. Die OHL sowie die Propaganda der Rechten antworteten hierauf mit einer Politik des Trennstrichs. Wer nicht für ihre Strategie des unbedingten Sieges und die Bewahrung des innenpolitischen Status quo war, wurde zum

«Reichsfeind» gestempelt. Der im August 1914 mühsam hergestellte und durch Bethmanns Dämpfungspolitik in der Kriegszielfrage notdürftig aufrechterhaltene Burgfriede brach 1917 endgültig zusammen. Wie einst vor 1914 wurde die sozialdemokratische Linke der Vaterlandslosigkeit angeklagt. Die deutsche Gesellschaft zerfiel politisch-ideologisch in zwei große Lager.

Konservative Nationalisten und Alldeutsche aller Schattierungen begannen, einerseits die Endsieggläubigen und Annexionisten um sich zu sammeln und andererseits deren Kritiker und Opponenten als Verderber des Reiches zu denunzieren. Damit waren in ihren Augen zugleich die Verantwortlichen für die miserable Lage an Front und Heimatfront und auch schon die Sündenböcke für den Fall einer deutschen Niederlage gefunden. Die mit Ermunterung der OHL 1917 gegründete Vaterlandspartei wurde das neue Sammelbecken der Kriegszielbewegung und zugleich das Vehikel der Agitation gegen innenpolitische Veränderungen. Dabei nahm die Identifizierung der Reichsfeinde schärfere Formen an, je mehr sich der totale Krieg für das Reich zu einer Katastrophe entwickelte, an deren Ende die totale Niederlage stand.

Gewiss konnte man den demonstrierenden Frauen und Fabrikarbeitern und -arbeiterinnen die Verantwortung für das Chaos zuschieben. Doch war es für die beabsichtigte Mobilisierung chauvinistischer Ressentiments noch effektiver, die Aufmerksamkeit auf kleinere, klar identifizierbare Minderheiten zu lenken. Obwohl sich die Propaganda der Alldeutschen und der Vaterlandspartei auch gegen andere Minoritäten richtete, wurden die Juden jetzt zur Hauptzielscheibe. Zu den Bemühungen, antisemitische Gefühle zu entfachen, gehörte auch eine infame «Judenzählung» in der Armee, deren Zweck es war nachzuweisen, dass jüdische Männer ihrer soldatischen Dienstpflicht zögerlicher nachgekommen waren als der christliche Durchschnittsbürger. Als die Statistik das Gegenteil ergab, wurde die Studie zurückgehalten, woraufhin die antisemitischen Propagandisten auf der Rechten ihre Lügen noch zügelloser verbreiteten. So kursierten gegen Kriegsende die unglaublichsten Geschichten über die Juden als internationale Drahtzieher und

Kriegsgewinnler, als rassisch minderwertige Schmarotzer und Feiglinge, die an einer deutschen Niederlage arbeiteten. Hier lag eine der Ursachen für den Judenhass der Nachkriegszeit, der dann auf gewiss verschlungenen Wegen im Holocaust des Zweiten Weltkriegs kulminierte.

Nach einem weiteren bitteren Winter des Hungers und der Verzweiflung über die vielen Toten lief die Eskalation zwischen den beiden politischen Lagern, die Dialektik von reaktionärer Politik «von oben» und Forderungen nach Frieden und Verfassungswandel «von unten» Anfang 1918 fort. Die zahllosen kleineren Demonstrationen der Vorjahre für Brot und Frieden steigerten sich im Januar zu Massenstreiks der organisierten Arbeiterschaft. Auf diese antworteten die Behörden mit Polizeieinsätzen und Verhaftungen. Indessen ging die OHL nicht nur gegen den «inneren Feind» mit großer Härte vor. Vielmehr zeigte sie sich auch in der Außenpolitik unerbittlich.

Es ist wichtig, diese Politik im Auge zu behalten, wenn man die Ereignisse des Herbstes 1918 und den Zusammenbruch der beiden zentraleuropäischen Monarchien wie auch die Wirkung der «Dolchstoßlegende» verstehen will. Das war die Lüge, wonach nicht die OHL und der Kaiser für die Niederlage von 1918 verantwortlich waren, sondern die Demonstranten und andere «subversive Elemente», die der angeblich «unbesiegten Armee» von der Heimat her in den Rücken gefallen seien. Man kann sich auch heute noch nur die Haare raufen, wenn man die hanebüchenen Argumente der Weimarer Antisemiten und deren Agitation gegen die so genannten «Novemberverbrecher» von 1918 nachliest.

Während die Deutschen gebannt auf die Frühjahrsoffensive im Westen und deren langsames Scheitern starrten, sah es in Österreich-Ungarn noch schlechter aus. Dort waren zuerst Teile der Habsburger Armee an der Isonzo-Front buchstäblich verblutet. Von den eingesetzten 15 Divisionen war die Stärke von sieben von ihnen auf ein Drittel geschrumpft, und drei hatten die Hälfte ihrer Mannschaften und Offiziere verloren. Krankheit und Unterernährung waren weit verbreitet. Wie das deutsche Heer befand sich auch die österreichisch-ungarische

Armee im September 1918 in voller Auflösung. Am 1. Oktober begann der Rückzug auf dem Balkan, während die Italiener eine große Streitmacht für einen letzten Angriff an der Südfront zusammenzogen. Unfähig zu weiterem Widerstand, akzeptierte Wien am 2. November die italienischen Waffenstillstandsbedingungen.

Mit der Habsburger Armee zerfiel auch die Doppelmonarchie. Am 28. Oktober wurde in Prag ein tschechischer Staat proklamiert. Kroatien und Slowenien sagten sich einen Tag später los. In Österreich und Ungarn herrschte derweil das Chaos. Zwar hatte Kaiser Karl als Nachfolger des 1916 verstorbenen Franz Joseph noch einmal versucht, das Reich durch eine Verfassungsreform zu retten. Doch genügte es, dass die verschiedenen Nationalitäten die Pläne ablehnten, um sie zu den Akten zu legen. Die Soldaten der einst stolzen Habsburger Armee konnten nicht schnell genug die Front hinter sich lassen und marschierten einfach nach Hause. Die Monarchie hatte aufgehört zu existieren.

Bei den Deutschen dauerte das Eingeständnis der Niederlage etwas länger und bedurfte einiger dramatischer Wendungen. Nachdem Ludendorff Wilhelm II. am 29. September mitgeteilt hatte, dass der Krieg militärisch verloren war, entwickelte Paul von Hintze, der Staatssekretär des Auswärtigen Amtes, einen raffinierten Plan. Er meinte wohl zu Recht, dass das Chaos und eine Revolution nach russischem Vorbild drohten, wenn nicht sofort eine Verfassungsänderung verkündet würde. Durch sie sollte die Reichsleitung hinfort nicht nach dem alleinigen Willen des Kaisers gebildet werden, sondern aus den Mehrheitsparteien im Reichstag hervorgehen. Mit anderen Worten, Hintze schlug eine Parlamentarisierung der Reichsverfassung vor. Das Machtzentrum sollte von der Krone auf die Volksvertretung verschoben werden.

Ludendorff und Wilhelm II. stimmten diesem Vorschlag schließlich zu. Verhandlungen mit den Führern der Reichstagsparteien wurden eingeleitet, die sich in der Stunde der Not nicht verweigern konnten und wollten. Georg Graf Hertling, der Michaelis als Reichskanzler ersetzt hatte, trat zurück. Der als liberal bekannte Prinz Max von Baden übernahm die Führung. In sein Kabinett traten mit Zustimmung ihrer Parteien Vertreter einer neuen Links-Mitte-Koalition ein. Deutschland hatte eine konstitutionelle Monarchie nach britischem Vorbild.

Bevor dieser Schachzug des alten Regimes jedoch als eine verfassungspolitisch weitsichtige Meisterleistung gelobt wird, ist daran zu erinnern, dass eine Parlamentarisierung, gegen die sich der Monarch in Friedenszeiten und selbst in den kritischen Kriegsjahren immer wieder gestemmt hatte, erst im Moment der Niederlage zugestanden wurde. Das deutet auf tiefer liegende Motive hin, die Ludendorff dann auch prompt folgendermaßen formulierte: Er habe, so sagte er, den Kaiser gebeten, jene Parlamentarier in die Regierung zu bringen, die für die Niederlage weitgehend verantwortlich seien. Mit dem Eintritt dieser Herren in die Ministerien stünden sie nun vor der Aufgabe, den unvermeidlichen Frieden zu schließen und damit die Suppe auslöffeln zu müssen, die sie den Deutschen eingebrockt hätten.

Indem Ludendorff ganz kaltblütig die Schuld an dem Weltkrieg und seinem Ausgang auf den Reichstag schob, stahl er sich und die Armee aus der Verantwortung. Den Parteiführern, unter denen sich auch der SPD-Führer Friedrich Ebert befand, wird der Zynismus des Hintze-Plans kaum entgangen sein. Und doch glaubten sie, in der Stunde des deutschen Zusammenbruchs keine andere Wahl zu haben, als die schwere Bürde zu übernehmen. Durch ihre Unterstützung einer hintzeschen «Revolution von oben» hofften sie, eine «Revolution von unten» zu verhindern. Es kann kein Zweifel bestehen, dass ihnen dabei das russische Beispiel des Vorjahres warnend vor Augen stand.

Es bestehen weitere Parallelen zu der Entwicklung in Russland vor der Revolution im Februar 1917. Als die Massen in Berlin und anderswo Anfang November 1918 die Abdankung des Kaisers verlangten, kam für einen kurzen Moment der Gedanke auf, den Kronprinzen, ähnlich wie den Großherzog Mikail, zum Regenten einzusetzen und damit die Institution der Monarchie zu retten. Freilich ging es in Berlin nicht darum, das Hohenzollern-Regime in seiner alten Form, sondern die konstitutionelle Monarchie zu bewahren, die im Oktober unter Prinz Max entstanden war. Es ist bedeutsam, dass es Ebert war, der am 6. November General Groener bat, Wilhelm II. zur Abdankung zu bewegen und eine Regentschaft des Kronprinzen zu ermöglichen. Zwar lehnte Groener dieses Ansinnen ab; doch zeigt Eberts Initiative, wie groß die Sorge im Reichstag war, dass die Oktober-Revolution «von oben» durch eine Revolution «von unten» hinweggefegt werden würde. Die «Opferung» des Kaisers, so hoffte Ebert, würde die Gefahr einer radikalen Lösung bannen.

Indessen hatten sich zwischenzeitlich die Chancen einer solchen Radikalisierung durch eine geradezu kriminelle Entscheidung der Admiralität erheblich erhöht. In einem geheimen Schreiben befahl Admiral Reinhard Scheer Anfang November der Hochseeflotte in Wilhelmshaven, zu einer letzten großen Schlacht gegen die Royal Navy in die Nordsee auszulaufen. Angesichts der Unterlegenheit der deutschen Flotte war dies ein Himmelfahrtsunternehmen. Es war auch klar, dass die Admiräle mit dieser Aktion dem Reichskanzler und seiner Regierung in den Rücken fielen, die im Oktober Waffenstillstandsverhandlungen mit den Alliierten eingeleitet hatten. Doch die Marine verfolgte mit ihrem Plan ein «höheres» Ziel. Während die Armee heroisch gekämpft hatte und folglich damit rechnen konnte, ihr Prestige über die militärische Niederlage hinwegzuretten, hatte die teure Flotte keine vergleichbaren Leistungen vorzuweisen. Sie hatte den Krieg vor allem im Hafen verbracht und den U-Booten den Kampf überlassen. Nun sollte die Zukunft der Marine mit Hilfe einer spektakulären Seeschlacht bis zur letzten Granate gesichert werden. Dieses Ziel rechtfertigte in den Augen Scheers und seiner Offizierskameraden den zu erwartenden Tod von Tausenden von Matrosen.

Scheer konnte jedoch nicht verhindern, dass Gerüchte über den Plan aufkamen. Die Matrosen wollten nach Hause und dachten nicht daran, in der Nordsee den nassen Tod zu finden, während die Regierung schon über einen Waffenstillstand verhandelte. Sie verweigerten die Ausfahrt, woraufhin der Kommandierende Admiral die Operation abbrach und die Schlachtschiffe durch den Nord-Ostsee-Kanal nach Kiel schickte. Dort angekommen, verbrüderten sich die Matrosen mit den demonstrierenden Kameraden und Arbeitern. Streiks und Massenversammlungen breiteten sich nun wie ein Lauffeuer aus. Die Revolution «von unten» war nicht mehr aufzuhalten.

Ähnlich wie Nikolaus II. im Februar 1917 hörte sein Vetter Wilhelm, abgeschnitten von den Realitäten in seinem Hauptquartier in Spa an der deutsch-belgischen Grenze, von den Unruhen in der Heimat. Er war empört und verkündete im Kreise seiner Generäle, dass er jetzt an der Spitze seiner Truppen nach Berlin marschieren wolle, um den Aufständischen das Handwerk zu legen. Seine Vertrauten erklärten ihm daraufhin, dass es keine Truppen mehr gebe, die ihm folgen würden. Denn inzwischen befand sich die Armee im Zustand völliger Auflösung. Die Soldaten marschierten einfach nach Hause. Da der Monarch nun auch für die Armee zu einer Belastung geworden war, überredeten ihn seine Generäle abzudanken. Dann schoben sie ihn bei Nacht und Nebel über die holländische Grenze ins Exil ab. Nach dem Zusammenbruch des Habsburger Reichs bestand auch das deutsche Kaiserreich nicht mehr.

Am 9. November rief der Sozialdemokrat Philipp Scheidemann vor einer jubelnden Menge in Berlin die Republik aus. Ähnlich wie in Russland 1905 und 1917 bildeten sich Anfang November überall in Deutschland Arbeiter- und Soldatenräte. Zwar rief Prinz Max als Reichskanzler der konstitutionellen Oktober-Monarchie Ebert zu sich, nachdem er ohne Rücksprache mit Spa die Abdankung des Kaisers verkündet hatte. Doch hatte er zu dieser Proklamation ebenso wenig das Recht wie das, Ebert die Regierungsbefugnisse zu übertragen. Auch die anderen gekrönten Häupter des Reiches zogen sich wie Wilhelm II. zurück – der sächsische König mit der Bemerkung, die Nachkommenden sollten doch ihren «Dreck alleene» machen. Mit der Abdankung Wilhelms II. und der Verkündung der Republik lag die Macht auf der Straße. Sie wurde von den Arbeiter- und Soldatenräten aufgegriffen, die durch ihre Wahl in den Fabriken und Regimentern eine einigermaßen solide demokratische Legitimation besaßen. Doch wollten sie diese

Entmilitarisierte Zone
von Österreich-Ungarn verlorene Gebiete
von Russland verlorene Gebiete
von Deutschland verlorene Gebiete
von Bulgarien verlorene Gebiete
Grenzen von 1926

NORW

Nordsee

DÄNEMARI

Ki

IRLAND

GROß-
BRITANNIEN

NIEDER-
LANDE

Amsterdam

D

Brüssel   Köln

BELGIEN

LUX.   Fra

Paris

Versailles   LOTHRINGEN

Straßburg

ELSASS

SCHWEIZ

Genf

Atlantik

FRANKREICH   Mailand

PORTUGAL

SPANIEN

Mittelmeer

nicht selber ausüben oder, wie im Februar 1917 in Russland, mit einer Provisorischen Regierung teilen.

Stattdessen waren sie bereit, alle Befugnisse an eine Koalition der beiden großen Arbeiterparteien, der SPD unter Ebert und der 1917 gegründeten Unabhängigen Sozialdemokratischen Partei Deutschlands (USPD) unter Hugo Haase, zu delegieren. Dieser Akt erfolgte am 10. November in Berlin zusammen mit der Konstituierung eines Rates der Volksbeauftragten – einer aus der Revolution entstandenen Exekutive, die die Aufgabe hatte, das Chaos der Niederlage zu bändigen und eine neue republikanische Verfassungsordnung zu errichten.

3. Friedensschluss

Diese große Aufgabe erwies sich einmal deshalb als schwierig, weil der wirtschaftliche Zusammenbruch inzwischen so gut wie total war. Die Produktion stand praktisch still. Die Menschen demonstrierten auf den Straßen. Die Teuerung und der Kauf der Kriegsanleihen, die jetzt noch rapider an Wert verloren als vor 1918, hatten die Sparguthaben der Mittelklassen dezimiert.

Zum Zweiten ging die Polarisierung der politischen Kräfte weiter. Den einen stand der Verlauf der russischen Revolution als Vorbild vor Augen. Sie hofften, die Entwicklung wie dort 1917 mit Hilfe der Rätebewegung zu radikalisieren und damit die Hebel für eine soziale Revolution zu gewinnen. In den Groß-städten fanden diese sich im Spartakusbund sammelnden Kräfte unter den Arbeitern einigen Zulauf, während andere der Räte, vor allem in den Provinzen, mehr und mehr nach rechts rückten. Ihre Mitglieder traten angesichts des Chaos dafür ein, so schnell wie möglich Ruhe und Ordnung wiederherzustellen. Ihnen stand die russische Entwicklung des Vorjahres wie ein Schreck-gespenst vor Augen.

Diese Furcht trieb auch die Bürokraten, Unternehmer und Generäle um, die sich mit den Folgen des militärischen und poli-tischen Zusammenbruchs konfrontiert sahen. So kam es, dass Ebert mitten im Drama des politischen Umbruchs am 10. No-vember 1918 einen Anruf von Groener erhielt, der ihm Hilfe anbot für den Fall, dass sein Rat derVolksbeauftragten Truppen und Waffen gegen die Spartakisten benötigte. Da die reguläre Armee nicht mehr existierte, dachte er an Freiwilligeneinheiten, die von Berufsoffizieren befehligt und von der Industrie bezahlt werden sollten. Ebert – selber von dem Albtraum einer möglichen russischen Entwicklung in Deutschland verfolgt – nahm das Angebot an.

Die Unternehmer als die Dritten im Bunde wurden auch gegenüber den sozialdemokratischen Gewerkschaften aktiv. Am 15. November schloss Hugo Stinnes namens der Industrie mit dem Gewerkschaftsführer Carl Legien ein Abkommen, das einer Stabilisierung der Wirtschaft den Weg ebnen sollte. Die Unternehmer boten den Arbeitern die Einführung des Achtstunden-Tages. Im Gegenzug sollten die Gewerkschaften auf ihre Forderung einer Sozialisierung der Industrie verzichten.

Durch diese Bündnisse war das Machtgewicht so zu Ungunsten der radikalen Linken verschoben, dass diese nur noch zu einem verzweifelten Aufruf zum bewaffneten Aufstand Zuflucht nehmen konnten. Mochten einige von ihnen auch hoffen, mit der Eroberung Berlins doch noch eine leninsche Lösung erzwingen zu können, war anderen – voran Rosa Luxemburg – die Vergeblichkeit des Aufstandes von vornherein klar. Tatsächlich wurde der Spartakus-Aufstand im Januar 1919 schnell von den Groenerschen Freiwilligeneinheiten, den Freikorps, niedergeschlagen. Danach zogen die Freikorps durch die Industriestädte an der Ruhr und in Mitteldeutschland, um die dortigen Aufstände brutal zu ersticken. Ihre letzten Erfolge errangen sie in den ersten Maitagen in München, wo sie eine Ende April von Eugen Leviné ausgerufene Sowjetrepublik auslöschten. Einen ähnlichen Verlauf nahm der Bürgerkrieg in Ungarn. In Budapest fand die von Béla Kun errichtete Sowjetrepublik nach mehreren Wochen im Juli 1919 ein blutiges Ende.

Derweil war als weiteres Zeichen einer langsamen Stabilisierung in Weimar ein Verfassungsdokument entworfen worden, mit dessen Vorlage Ebert im November 1918 den Staatsrechtler Hugo Preuss beauftragt hatte und das nach allgemeinen Wahlen, an denen zum ersten Mal auch Frauen gleichberechtigt teilnahmen, verabschiedet wurde. Es trat im August 1919 schließlich in Kraft. Ebert gab die Regierungsgewalt, die der Rat der Volksbeauftragten seit November innehatte, an die Nationalversammlung ab, die ihn wiederum mit einer überwältigenden Mehrheit zum vorläufigen Reichspräsidenten wählte. Er ernannte dann Mitte Februar 1919 eine von Philipp Scheidemann geführte Reichsregierung, die nun die schwere Aufgabe hatte, den von den Alliierten aufgesetzten Friedensvertrag zu unterzeichnen.

Auf dem Papier sahen die Verträge, die die Verlierer nach und nach in den Vororten von Paris unterzeichneten, wie ein Siegfrieden für die Alliierten aus. Ihnen war gemeinsam, dass sie territoriale Verluste für die Verlierer sowie eine Reduzierung ihrer Streitkräfte und Reparationszahlungen brachten. Die z. T. radikale Verschiebung alter Grenzen hatte freilich nicht so sehr die im Weltkrieg von Wilson verkündete Selbstbestimmung der Völker im Auge als die Herstellung relativ großer Territorialstaaten in Ostmitteleuropa und auf dem Balkan. Dies erklärt die Schaffung eines größeren Polens, der tschechoslowakischen Republik und Jugoslawiens. Strategischer Zweck dieser neuen Länder war es einmal, einen *cordon sanitaire* gegen das bolschewistische Russland zu bilden. Westeuropa sollte gegen ein erneutes Vordringen des leninschen Revolutionsgedankens abgeschirmt werden.

Zugleich sollten die neuen Staaten ein östliches Gegengewicht gegen eine künftige «deutsche Gefahr» bieten. Gerade den durch die deutsche Invasion traumatisierten Franzosen war an einer solchen Neuordnung der Landkarte gelegen, weil sie über Bündnisse mit den slawischen Neugründungen eine Wiedererrichtung der deutschen Machtposition im Herzen Europas einzudämmen hofften. Diesem Ziel diente auch die dekretierte Reduzierung der Streitkräfte von Österreich, Ungarn und Deutschland.

Der Nachteil einer solchen territorialen Lösung war, dass sie Polen, der Tschechoslowakei und Jugoslawien deutsche und ungarische Bevölkerungsgruppen zuschlug, die als Minderheiten diskriminiert und schnell zu einer die innere Stabilität belastenden Irredenta wurden. Auch die Festsetzung der Reparationszahlungen führte zu schweren Spannungen vor allem mit Deutschland, die die Belgier und Franzosen im Januar 1923 schließlich mit der Besetzung des Ruhrgebiets auszuräumen hofften. Das Gegenteil geschah. Die Aktion löste eine erneute wirtschaftliche Katastrophe aus, die auch nach Frankreich hineinschwappte und eine Abwertung des Franc erzwang. Politisch sah sich die Weimarer Republik wie schon 1920 zu Zeiten des so genannten Kapp-Putsches von rechtsradikalen Kräften herausgefordert, die sie von Bayern aus umzustürzen versuchten.

Auch wenn Hitler und Ludendorff damals mit ihrem «Marsch auf Berlin» scheiterten, die Krise gab den radikalen Revisionisten Auftrieb, die die Pariser Friedensordnung mit Gewalt zerstören wollten. Hitler knüpfte dabei an die Kritik der erfolglosen wilhelminischen Weltpolitik an, die Tirpitz zufolge schon 1915 in konservativen Kreisen zu hören gewesen war. Das nächste Mal, so schrieb der «Führer» der Nazis bald darauf in *Mein Kampf*, würde die deutsche Außenpolitik nicht den Fehler des Kaisers begehen, alle Großmächte gleichzeitig herauszufordern. Die zukünftige Weltstellung Deutschlands sollte vielmehr in zwei Stufen erreicht werden: erst auf dem europäischen Kontinent; hernach durch den Griff nach Übersee.

Doch ist dies die Geschichte der Zwischenkriegszeit und der Ursprünge des Zweiten Weltkrieges. Hier gilt es abschließend noch einmal an die Kosten des Ersten Weltkrieges zu erinnern, mit deren Schilderung dieser Band begann. Kein Zweifel, dieser Konflikt war für alle beteiligten Gesellschaften eine Katastrophe, in der es letztlich keine Sieger gab. Und er war auch die «Urkatastrophe» (George F. Kennan) des 20. Jahrhunderts, wenn man bedenkt, was in Europa und schließlich in der ganzen Welt bis 1945 geschah.

Ausgewählte Bibliografie

1. Der Erste Weltkrieg und die Geschichtswissenschaft:
Einen sehr guten Überblick über die Debatte um die Ursprünge und den Verlauf des Ersten Weltkriegs seit den zwanziger Jahren bieten: Wolfgang Jäger, *Historische Forschung und politische Kultur in Deutschland*, Göttingen 1984, und Ulrich Heinemann, *Die verdrängte Niederlage*, Göttingen 1983. Die wichtigsten Artikel der Fischer-Debatte sind abgedruckt in: Wolfgang Schieder, Hg., *Erster Weltkrieg. Entstehung und Kriegsziele*, Köln 1969. Will man sich in die detailliertere Forschung vertiefen, führt weiterhin kein Weg vorbei an Fritz Fischer, *Griff nach der Weltmacht*, Düsseldorf 1961, und ders., *Krieg der Illusionen*, Düsseldorf 1969. Als Gegengewicht: Gerhard Ritter, *Staatskunst und Kriegshandwerk*, Bde. 3/4, München 1964–68. Provokativ wegen seines Versuchs, die Verantwortung für den Ausbruch des Krieges von den Mittelmächten auf England zu verschieben: Niall Ferguson, *Der falsche Krieg*, Stuttgart 1999. Etwas weniger scharf dazu auch: Gregor Schöllgen, Hg., *Flucht in den Krieg?*, Darmstadt 1991. Zur demographischen Entwicklung: Jay Winter, *The Great War and the British People*, London 1985. Für die innen- und wirtschaftspolitische Entwicklung der deutschen Seite weiterhin lesenswert: Gerald D. Feldman, *Armee, Industrie und Arbeiterschaft in Deutschland, 1914–1918*, Berlin 1985, sowie Jürgen Kocka, *Klassengesellschaft im Krieg*, Göttingen 1973, mit dem Appell, sich mehr der Sozial- und Alltagsgeschichte des Weltkriegs zuzuwenden. Hierzu dann vor allem aus der Perspektive der Frauen- und Familiengeschichte: Ute Daniel, *Arbeiterfrauen in der Kriegsgesellschaft*, Göttingen 1989, und die einschlägigen Kapitel in Ute Frevert, *Frauen-Geschichte*, Frankfurt 1986. Zur psychischen Verarbeitung des Krieges durch die Intellektuellen unter «modernistischer» Perspektive: Paul Fussell, *The Great War and Modern Memory*, Oxford 1975. Dagegen die wichtige Studie von Jay Winter, *Sites of Memory. Sites of Mourning*, Cambridge 1995, die den Rückgriff auf traditionelle Muster der Trauer und Erinnerung betont.

2. Unter den umfassenderen Darstellungen der tieferen Ursachen des Weltkriegs ist die knappe Studie von James Joll, *Die Ursprünge des Ersten Weltkriegs*, München 1988, zu empfehlen. Siehe auch Johannes Burkhardt, Hg., *Der lange und der kurze Weg in den Ersten Weltkrieg*, München 1996. Zum deutsch-englischen Verhältnis: Paul M. Kennedy, *The Rise of the Anglo-German Antagonism*, London 1980. Mit dem Brennpunkt auf Deutschland: Immanuel Geiss, *Das deutsche Reich und der Erste Weltkrieg*, München 1978; Klaus Hildebrand, *Das vergangene Reich*, Stuttgart 1995; Andreas

Hillgruber, *Deutschlands Rolle bei der Vorgeschichte der beiden Weltkriege*, Göttingen 1979. Die innenpolitischen Probleme des Kaiserreichs aufgreifend: Hans-Ulrich Wehler, *Das deutsche Kaiserreich, 1871–1918*, Göttingen 1988.

Zur Dynamik der Rüstungspolitik: Volker Berghahn, *Der Tirpitz-Plan*, Düsseldorf 1971; Stig Förster, *Der doppelte Militarismus*, Stuttgart 1985; Michael Geyer, *Deutsche Rüstungspolitik*, Frankfurt 1984; David Herrmann, *The Arming of Europe and the Making of the First World War*, Princeton 1996.

Zur Julikrise und den Riezler-Tagebüchern: Karl-Dietrich Erdmann, Hg., *Kurt Riezler. Tagebücher, Aufsätze, Dokumente*, Göttingen 1972, und die polemischen Antworten darauf nach den zuerst von Bernd Sösemann erhobenen Zweifeln an der Authentizität der Riezlerschen Passagen über die Julikrise: Fritz Fischer, *Juli 1914: Wir sind nicht hineingeschlittert*, Reinbek 1983; Bernd F. Schulte, *Die Verfälschung der Riezler-Tagebücher*, Frankfurt 1985. Eine ausgezeichnete Sammlung vieler anderer einschlägiger Dokumente zur Julikrise in: Immanuel Geiss, Hg., *Julikrise und Kriegsausbruch*, 2 Bde., Hannover 1963.

3. Gesamtdarstellungen mit europäischer Perspektive zu den militärischen und politischen Entwicklungen im Weltkrieg, aber z.T. auch unter Berücksichtigung der Sozialgeschichte:
Marc Ferro, *Der große Krieg*, Frankfurt 1988; Stig Förster und Roger Chickering, Hg., *Great War. Total War*, München 2002; Gerhard Hirschfeld u. a., Hg., *Enzyklopädie des Ersten Weltkriegs*, Paderborn 2002; John Keegan, *Der Erste Weltkrieg*, Reinbek 2000; Wolfgang Michalka, Hg., *Der Erste Weltkrieg*, München 1994; Hugh Strachan, *The First World War*, Bd. 1, Oxford 2001. Mehr aus deutscher Perspektive: Roger Chickering, *Das Deutsche Reich und der Erste Weltkrieg*, München 2002; Peter Graf Kielmannsegg, *Deutschland und der Erste Weltkrieg*, Frankfurt 1968; Wolfgang J. Mommsen, *Die Urkatastrophe Deutschlands*, Stuttgart 2002.

Zur militärischen Führung: Holger Afflerbach, *Falkenhayn*, München 1994; Arden Bucholz, *Moltke, Schlieffen und Prussian War Planning*, Oxford 1991; Lancelot L. Farrar, *The Short-War Illusion*, Santa Barbara 1973; John Horne und Alan Kramer, *German Atrocities 1914*, New Haven 2002; Vejas G. Liulivicius, *Kriegsland im Osten*, Hamburg 2002; Gerhard Ritter, *Schlieffenplan*, München 1956; Dennis Showalter, *Tannenberg*, Hamden 1991; Norman Stone, *The Eastern Front*, London 1973.

Zur Kriegsvorsorge und Kriegswirtschaft: Lothar Burchardt, *Friedenswirtschaft und Kriegsvorsorge*, Boppard 1968; Kathleen Burk, Hg., *War and the State*, London 1982; Marjorie Farrar, *Principled*, New York 1991; Niall Ferguson, *Der falsche Krieg*, Stuttgart 1999; John Godfrey, *Capitalism at War*, Leamington Spa 1987; Gerd Hardach, *Der Erste Weltkrieg*, München 1978; Avner Offer, *The First World War. An Agrarian Interpretation*, Oxford 1989.

Diplomatie und Kriegsziele: K. E. Birnbaum, *Peace Moves and U-Boat Warfare*, Upsala 1958; Fritz Fischer, *Griff nach der Weltmacht*, Düsseldorf 1961; Hans W. Gatzke, *Germany's Drive to the West*, Baltimore 1956; Immanuel Geiss, *Der polnische Grenzstreifen*, Lübeck 1960; David Stevenson, *French War Aims against Germany*, Oxford 1982; ders., *The First World War and International Politics*, New York 1988.

Propaganda und Akademiker: Kurt Koszyk, *Deutsche Pressepolitik im Ersten Weltkrieg*, Düsseldorf 1968; Wolfgang J. Mommsen, Hg., *Kultur und Krieg*, München 1998; Michael Sanders und Philip Taylor, *British Propaganda during the First World War*, London 1982; Klaus Schwabe, *Wissenschaft und Kriegsmoral*, Frankfurt 1969; David Welch, *Germany, Propaganda and Total War, 1914–1918*, New Brunswick 2000; Egmont Zechlin, *Die deutsche Politik und die Juden im Ersten Weltkrieg*, Göttingen 1968.

4. Sozialgeschichte «von unten»:
Die Atmosphäre im Juli 1914: Wolfgang Kruse, *Krieg und nationale Integration*, Essen 1993; Volker Ullrich, *Kriegsalltag*, Köln 1982; Jeffrey Verhey, *Der Geist von 1914*, Hamburg 2000.

Sozialgeschichte, vornehmlich der Front: Stéphane Audoin-Rouzeau, *Men at War*, Oxford 1992; Tony Ashworth, *Trench Warfare*, London 1980; Gerhard Hirschfeld u. a., Hg., *Keiner fühlt sich hier mehr als Mensch*, Essen 1995; Christian Jahr, *Gewöhnliche Soldaten*, Göttingen 1998; Eric Leed, *No Man's Land*, Cambridge, Mass., 1979; Bernd Ulrich, *Die Augenzeugen*, Essen 1997; ders. u. a., Hg., *Frontalltag im Ersten Weltkrieg*, Frankfurt 1994; Trevor Wilson, *A Myriad Faces of War*, Cambridge 1985.

Sozialgeschichte, vornehmlich der Heimatfront: Jean-Jacques Becker, *The Great War and the French People*, Leamingston Spa 1985; Gail Braydon, *Women Workers in the First World War*, London 1981; Belinda Davis, *Home Fires Burning*, Chapel Hill 2001; Patrick Fridenson, *L'autre front*, Paris 1977; David Kennedy, *The First World War and American Society*, New York 1980; Wolfgang Kruse, Hg., *Eine Welt von Feinden*, Frankfurt 1997; Birte Kundrus, *«Kriegerfrauen»*, Hamburg 1995; Günter Mai, *Arbeiterschaft in Deutschland, 1914–1918*, Düsseldorf 1985; Wolfram Wette, Hg., *Der Krieg des kleinen Mannes*, München 1992; John Williams, *The Home Front*, London 1972; Jay Winter u. a., Hg., *The Upheaval of War*, Cambridge 1983; Benjamin Ziemann, *Front und Heimatfront*, Essen 1997.

5. Zeit der Revolutionen und des Zusammenbruchs:
Russische Revolution und Brest-Litovsk: Helmut Altrichter, *Russland 1917*, Paderborn 1997; Winfried Baumgart, *Deutsche Ostpolitik*, München 1966; Peter Borowsky, *Deutsche Ukrainepolitik 1918*, Hamburg 1970; Dietrich Geyer, *Die russische Revolution*, Göttingen 1985; Werner Hahlweg, *Der Diktatfriede von Brest-Litovsk 1918 und die bolschewistische Weltrevolution*, Münster 1960; Christopher Read, *From Tsar to Soviets*, London 1996; John Wheeler-Bennett, *The Forgotten Peace*, London 1938.

Revolution in Zentraleuropa: Hans J. Bieber, *Gewerkschaften in Krieg und Revolution*, 2 Bde., Hamburg 1981; Friedhelm Boll, *Massenbewegungen in Niedersachsen*, Bonn 1981; Francis L. Carsten, *Revolution in Mitteleuropa*, Köln 1973; Daniel Horn, *The German Naval Mutinies of World War I*, New Brunswick 1967; Günter Mai, *Das Ende des Kaiserreichs*, München 1987; Erich Matthias, *Zwischen Räten und Geheimräten*, Düsseldorf 1969; Susanne Miller, *Burgfrieden und Klassenkampf*, Düsseldorf 1974; David Morgan, *The Socialist Left and the German Revolution*, London 1975; Klaus Schwabe, *Deutsche Revolution und Wilson-Frieden*, Düsseldorf 1971.

Friedensschluss und Nachkrieg: Volker Berghahn, *Der Untergang des alten Europas*, München 1997; Richard Bessel, *Germany after the First World War*, Oxford 1995; Modris Eksteins, *Tanz über den Gräbern*, Reinbek 1990; Gerald D. Feldman, *The Great Disorder*, New York 1993; Paul Fussell, *The Great War and Modern Memory*, London 1975; Charles S. Maier, *Recasting Bourgeois Europe*, Princeton 1975; Arno J. Mayer, *The Politics and Diplomacy of Peacemaking*, New York 1967; George Mosse, *Fallen Soldiers*, New York 1990; Robert Whalen, *Bitter Wounds*, London 1984; Jay Winter, *Sites of Memory. Sites of Mourning*, Cambridge 1995.

Personenregister